KLETT-COTTA leben!

Andrea Brackmann

Ganz normal hochbegabt

Leben als hochbegabter Erwachsener

Klett-Cotta

Klett-Cotta
www. klett-cotta.de

Printed in Germany
Umschlag: Roland Sazinger, Stuttgart
Titelbild: © Frithjof Hirdes/zefa/Corbis
Satz: Kösel, Krugzell
Auf säure- und holzfreiem Werkdruckpapier gedruckt
und gebunden von Kösel, Krugzell
ISBN: 978-3-608-86014-6

Dritte Auflage, 2008

Bibliographische Information der Deutschen Nationalbibliothek
Die Deutsche Nationalbibliothek verzeichnet diese Publikation
in der Deutschen Nationalbibliographie; detaillierte bibliographische Daten sind im Internet über http://dnb.d-nb.de abrufbar.

Inhalt

Vorwort

Fragt man einen erwachsenen Hochbegabten nach seiner Lebensgeschichte, erhält man typischerweise einen Schwall von Gegenfragen zur Antwort: »Meine Lebensgeschichte?! Meinen Sie, die wäre von Interesse? Auch wenn ich nicht gerade das bin, was man einen Überflieger nennt? Was genau stellen Sie sich vor? Wie soll der Aufbau sein und wie groß der Umfang? Auf welche Schwerpunkte kommt es an? Glauben Sie wirklich, dass meine Geschichte geeignet ist? Bin ich überhaupt ein typischer Vertreter? Soll es chronologisch sein? Was ist, wenn ich jedes Wort auf die Goldwaage lege, mich festbeiße und heillos verstricke? Ich habe außerdem doch gar nicht genug Aufregendes und Interessantes erlebt.«

Neben der Fülle an Rückfragen löste mein Vorschlag, die eigene Lebensgeschichte aufzuschreiben, auch viele widersprüchliche Empfindungen aus: Einerseits fühlten die Betreffenden sich geschmeichelt und zu etwas angeregt, was sie insgeheim schon länger einmal ins Auge gefasst hatten; auch eine gewisse freudige Gier, die gestellte Aufgabe in Angriff zu nehmen und so gut wie möglich zu erfüllen, ließ sich oft nicht verhehlen. Andererseits hatten viele die Befürchtung, die Fülle an Erlebtem nicht sortieren und strukturieren zu können, sich in unwichtigen Details zu verlieren, an ihren hochgesteckten Ansprüchen zu scheitern oder sich am Ende in einem Epos wiederzufinden, dessen Ausmaß den geplanten Umfang um ein Vielfaches überschreitet. Während die Schreibenden über ihren Biografien brüteten, erreichte mich so mancher Hilferuf, weil man den Überblick, die Nerven und die Geduld verloren hatte oder bereits im Begriff war, das ganze Unterfangen aufzugeben. Ich möchte den Schreiberinnen und Schreibern, die bis zum Schluss durchgehalten haben, von ganzem Herzen danken, dass sie sich auf die Mitarbeit an diesem Buch eingelassen und mir ihre sehr persönlichen, ehrlichen Texte zur Verfügung gestellt haben.

Jenes verborgene und herrische Etwas, für das wir lange keinen Namen haben, bis es sich endlich als unsere Aufgabe erweist – dieser Tyrann in uns nimmt eine schreckliche Wiedervergeltung für jeden Versuch, den wir machen, ihm auszuweichen oder zu entschlüpfen, für jede vorzeitige Bescheidung, für jede Gleichsetzung mit solchen, zu denen wir nicht gehören, für jede noch so achtbare Tätigkeit, falls sie uns von unserer Hauptsache ablenkt – ja, für jede Tugend selbst, welche uns gegen die Härte der eigensten Verantwortlichkeit schützen möchte. Krankheit ist jedesmal die Antwort, wenn wir an unserem Recht auf *unsere* Aufgabe zweifeln wollen, wenn wir anfangen, es uns irgendworin leichter zu machen. Sonderbar und furchtbar zugleich. Unsere *Erleichterungen* sind es, die wir am härtesten büßen müssen. Und wollen wir hinterdrein zur Gesundheit zurück, so bleibt uns keine Wahl: wir müssen uns schwerer belasten, als wir je vorher belastet waren.

Friedrich Nietzsche

I. Hochbegabte Erwachsene

1. Einleitung

Die Idee zu diesem Buch entstand auf Anregung vieler erwachsener Hochbegabter, die in der deutschsprachigen Literatur fast nirgends Informationen zu ihrer Thematik finden. Mittlerweile gibt es eine Fülle an Publikationen über hochbegabte Kinder; hochbegabte Erwachsene tauchen hingegen allenfalls als erfolgreiche Überflieger in amerikanischen Studien oder in Biografien über herausragende künstlerische und wissenschaftliche Persönlichkeiten auf. Laut Statistik gelten jedoch ca. zwei bis drei Millionen Menschen in der Bundesrepublik als hochbegabt. Man findet sie in allen gesellschaftlichen Schichten, Berufsgruppen und unterschiedlichsten Lebensumständen.

Dieses Buch ist gewissermaßen eine Ergänzung zur Publikation »Jenseits der Norm«, in welcher ich die theoretischen Grundlagen meines Hochbegabungsmodells erötere. Mein Anliegen ist es nun, ganz normalen und ganz außergewöhnlichen hochbegabten Lesern und Leserinnen Gelegenheit zu geben, auf ihrem Weg zur Selbsterkenntnis einen Schritt weiter zu kommen. Sie können sich vielleicht mit einigen der hier beschriebenen Persönlichkeiten identifizieren, erkennen manche Ähnlichkeiten in Lebensverläufen wieder und erhalten Anregungen, ihre möglicherweise verschütteten oder verdrängten Begabungen umzusetzen. Rein wissenschaftliche psychologische Literatur mag theoretisch aufschlussreich sein, hat aber meist den entscheidenden Nachteil, die Neugier nach individuellen Lebensgeschichten und konkreten persönlichen Erfahrungen anderer nicht zu befriedigen. Oft kann man aus lebensnahen Schilderungen leichter

Erkenntnisse gewinnen und etwas für sich lernen als aus allgemein formulierten Grundsätzen, statistischen Proportionen und abstrakten Erwägungen. Besonders in kritischen Lebensphasen ist oft nichts so hilfreich, entlastend und tröstlich wie die Lektüre über Menschen, die ähnlich denken und empfinden wie man selbst. Es wurden daher für dieses Buch überwiegend Biografien ausgewählt, die nicht ganz ›glatt‹ und problemlos verliefen, um aufzuzeigen, wie Hochbegabte Krisen meistern, Schwierigkeiten bewältigen und Hindernisse überwinden.

Vor allem wünsche ich mir, dass Hochbegabte in diesem Buch auf Gleichgesinnte treffen und deren Geschichten ermutigend, stärkend und inspirierend oder einfach nur interessant und spannend finden.

Zum anderen soll dieses Buch dazu beitragen, Klischees und Vorurteile gegenüber Hochbegabten weiter abzubauen und LeserInnen das Phänomen Hochbegabung in gut verständlicher und lebensnaher Form zugänglich zu machen. Auch vermeintlich ›Normalbegabte‹ werden dazu angeregt, eigene Begabungen aufzuspüren und zu entfalten, da dies zumeist einen wichtigen Beitrag zu seelischer Gesundheit und mehr Lebensfreude leistet.

Es handelt sich hier weniger um einen Ratgeber als um ein Lesebuch, das authentische Geschichten erzählt, welche weitestgehend für sich sprechen; deshalb werden sich zusätzliche Kommentare und Erläuterungen in Grenzen halten.

2. Stand der Dinge

Die meisten erwachsenen Hochbegabten wissen von sich selbst nicht, dass sie hochbegabt sind. Nachdem seit einigen Jahren hochbegabte Kinder vermehrt in den Blickpunkt des öffentlichen Interesses gerückt sind, ahnen manche Erwachsene, dass sie vielleicht selbst betroffen sein könnten. Insbesondere dann, wenn bei ihren Kindern eine Hochbegabung festgestellt wurde und Eltern Parallelen zu ihrer eigenen Biografie entdecken. Einige andere wissen um ihre Hochbegabung, weil dies in einem Test festgestellt wurde oder sie ein Begabtenstipendium erhalten haben, aber sie messen dieser Tatsache keine größere Bedeutung bei und können sich viele Besonderheiten, eigene Schwächen und vielleicht auch Schwierigkeiten nicht erklären. Diejenigen, die um ihre intellektuelle Hochbegabung wissen, als auch die, die es nur vermuten, gehen meist ausgesprochen vorsichtig, zurückhaltend oder ängstlich damit um. Auf meinen Vorträgen, die sich zunehmend auch mit erwachsenen Hochbegabten befassen, sehe ich oft in verunsicherte, beschämte und zuweilen bestürzte Gesichter, wenn die Betreffenden sich in meinen Schilderungen wiedererkennen. Manche verstecken ihr Gesicht hinter einer Hand und scheinen am liebsten im Boden versinken zu wollen, manche sehen traurig aus und haben feuchte Augen. Viele Erwachsene, die bei der Lektüre eines Buches über Hochbegabte zum ersten Mal mit dem Gedanken in Berührung kommen, selbst betroffen zu sein, reagieren auf diese Vermutung verunsichert und aufgewühlt; einerseits finden sie erstmals Erklärungen für ihr Besonderssein, alles fügt sich plötzlich zu einem runden Bild zusammen. Andererseits trifft manche diese Erkenntnis wie ein Schlag und macht sie traurig und ängstlich, weil sie in der Vergangenheit vielleicht viele Chancen verpasst haben und sie zugleich fürchten, dass es gar nicht stimmt, dass es überheblich und hochmütig ist, so etwas auch nur anzunehmen. Oder dass mit dieser Erkenntnis plötzlich Erwartungen an sie selbst gestellt sind, die sie kaum zu erfüllen vermögen. Schließlich kommt die Angst, ›anders‹ zu sein, ›besonders‹ zu sein, ausgegrenzt und belächelt zu werden, hinzu. Für manche Erwachsene ist es ein langer und schwieriger Prozess, die eigene Hochbegabung zu erkennen, zu ihr zu stehen und die eigenen Begabungen umzusetzen. Ich kenne Hochbegabte, die über Jahrzehnte verschweigen, ein Einser-Abitur absolviert zu haben, und sie haben sich angewöhnt, einen schlechteren Durchschnitt anzugeben, weil es ihnen peinlich ist, als ›Streber‹ dazustehen. Es gibt Hochbegabte mit Einser-Abitur, mit Hauptschulabschluss, ohne Schulabschluss, mit akademischer Ausbildung oder ohne

Viele Erwachsene verstecken ihre Hochbegabung

jede Ausbildung. Es gibt hochbegabte Zahnärzte, Hausfrauen, Künstler, Handwerker, Drogenabhängige, Psychiatriepatienten, Musikerinnen, Arbeitslose, Psychologen, Professorinnen – kurz: Hochbegabung kommt in allen Schichten, Milieus und Berufssparten vor.

Seit der amerikanische Forscher Lewis Terman in seiner Langzeitstudie (beginnend in den Zwanzigerjahren) festgestellt hat, dass Hochbegabte beruflich erfolgreicher, sozial kompetenter und emotional stabiler sind als die Mehrheit, gibt es so gut wie keine weiteren systematischen Studien über hochbegabte Erwachsene. Nach wie vor wird Termans Studie allerorten zitiert, wenn es um Hochbegabung geht. Ich frage mich jedoch, wie weit die Studie selbst Einfluss auf den späteren Erfolg der Teilnehmer hatte, denn: Sie wurden bereits im Kindesalter als hochbegabt identifiziert, nahmen an Förderprogrammen teil und wurden in regelmäßigen Abständen von Hochbegabtenexperten zu ihrem Leben befragt. Unter diesen Voraussetzungen scheinen mir derart günstige Entwicklungen Hochbegabter leichter belegbar als bei Personen, die in der Kindheit nicht als hochbegabt erkannt und gefördert wurden. Arbeiten des Forscherpaars Goertzel zeigten nämlich, dass viele hochbegabte Kinder gar nicht in Studien mit aufgenommen wurden, wenn sie etwa Leistungsschwierigkeiten oder andere Probleme hatten. Die Autoren weisen darauf hin, dass viele herausragende und geniale Persönlichkeiten des zwanzigsten Jahrhunderts in ihrer Kindheit nicht als hochbegabt identifiziert wurden. Und dass nicht wenige von ihnen unter belastenden Familienverhältnissen und entsprechenden seelischen Folgen gelitten haben.

Auch Hochbegabte können Probleme haben

Ich möchte nicht andeuten, dass Hochbegabte mehr Schwierigkeiten im Leben haben als andere, sondern darauf hinweisen, dass auch weniger erfolgreiche, weniger stabile und weniger sozial kompetente Menschen hochbegabt sein können. Das jüngst erschienene Buch »Das Drama der Hochbegabten« von Jürgen vom Scheidt ist eines der ersten, das sich (im deutschsprachigen Raum) mit dieser Thematik näher befasst. Auch er schildert, dass gegenwärtig systematische Studien über erwachsene Hochbegabte fehlen und hier noch großer Forschungsbedarf besteht.

Neben der Hochbegabtenvereinigung ›Mensa‹ e.V., die bereits seit vielen Jahren besteht, gründen sich derzeit erste Internetforen und Netzwerke für hochbegabte Erwachsene. Viele klagen darüber, zu wenig Anlaufstellen, Literatur oder kompetente psychologische Beratung zu finden.

Hochbegabte Erwachsene kommen langsam aus ihrer »Deckung«

In Veröffentlichungen von Elternvereinigungen für hochbegabte Kinder finden sich seit kurzer Zeit erste zaghafte Annäherungen an die Thematik hochbegabter Erwachsener, weil Eltern berechtigterweise allmählich darüber nachdenken, von wem ihr Kind die hohe Begabung wohl geerbt haben könnte. Auch hier äußert man sich, wie es scheint, noch vorsichtig, leise und zögerlich zum Verdacht einer eigenen Hochbegabung.

Ich selbst habe vier Jahre lang mit hochbegabten Kindern gearbeitet, bevor mich allmählich der Verdacht beschlich, möglicherweise selbst betroffen zu sein. Ein Test bestätigte dies, aber das Ergebnis hielt ich über weitere fünf Jahre geheim. Auf keinen Fall wollte ich den Eindruck erwecken, als Hochbegabtenexpertin möglicherweise befangen und nicht objektiv genug zu sein oder mich gar für etwas Besonderes zu halten. Erst vor zwei Jahren fasste ich den Mut, mich »offiziell« zu meiner Hochbegabung zu bekennen. Aber es ist mir bis heute unangenehm, darüber zu sprechen; diese Empfindung teile ich mit den meisten Hochbegabten.

3. Bin ich hochbegabt?

Oft gelingen mir die allereinfachsten Dinge nicht. Zum Beispiel eine Kontonummer und Bankleitzahl abzuschreiben. Oder einen Termin von einem Zettel in meinen Terminkalender zu übertragen. Doppelseitig kopieren. Eine einfache Zahl durch zwei teilen. Fünf Minuten auf der Uhr abzulesen. Aus Wohnungsanzeigen die infrage kommenden heraussuchen. In einem Lexikon etwas nachschlagen oder eine Nummer im Telefonbuch finden.

Auszutüfteln, wann ich aufstehen muss, um zu einer bestimmten Zeit das Haus zu verlassen. Buchkapitel sinnvoll durchnummerieren. Karteikarten alphabetisch ordnen. Einen Knopf annähen.

»Negativsymptome«: Was Hochbegabte nicht so gut können

Schon in der Schule endeten einfache Mathematikaufgaben damit, dass ich mich in hoch komplizierten Rechenoperationen verirrte und Bruchstriche, mit vielen Zahlen gefüllt, über die Länge einer ganzen Seite reichten, bis mir langsam aufging, dass irgendetwas nicht stimmen konnte. Einfachste Handarbeiten gerieten mir stets zum Fiasko, ich nähte Reißverschlüsse verkehrt herum an und Ärmel zu, verknotete Fäden, bis sie unentwirrbar waren, und brach Nadeln ab. Auswendiglernen war mir fast unmöglich, und ich versuchte mit allen möglichen Tricks, mein Wissen auf andere Weise zu erwerben (Rechtschreibung und Grammatik lernte ich etwa dadurch, dass ich viel las). Erst in der Oberstufe des Gymnasiums konnte ich allmählich mein Leistungsvermögen entfalten. Je selbstständiger man vorgehen musste, je komplexer die Aufgabenstellungen waren, umso effektiver konnte ich arbeiten. In Fächern wie Deutsch, Philosophie und Literatur erhielt ich Bestnoten, in Lernfächern blieben meine Zensuren schlecht, obwohl ich hier weit mehr Zeit und Arbeit investierte. Übrigens habe ich mit meinen Hochbegabten zusammen sogar schließlich das Rechnen gelernt, indem ich selbst versuchte, wozu ich sie anleitete: mein Denken zu verlangsamen und beim Lösen von Aufgaben stur nach einem Schema vorzugehen, statt mich auf der Suche nach optimalen Rechenwegen hoffnungslos in einer Fülle von Lösungsmöglichkeiten zu verirren.

Während ich an einfachen Alltagsaufgaben oft scheitere oder viele kleine Hilfsstrategien anwende, um sie zu bewältigen (beim doppelseitigen Kopieren sage ich mir still die einzelnen Schritte vor), kann ich komplexe Zusammenhänge in Sekundenschnelle erfassen, ohne dass mir dies richtig bewusst wäre. Im Kontakt mit meinen Klienten habe ich oft sofort ein umfassendes Bild ihrer inneren Konflikte und deren Ursachen; spreche ich dies zu schnell und zu direkt an, fühlen die Betreffenden sich mitunter entlarvt und vor den Kopf gestoßen. Mir tut das dann leid, denn meist merke ich gar nicht, dass ich gleich den wundesten Punkt getroffen habe und zu ungestüm vorgegangen bin. Wir nennen das scherzhaft das ›Asterix-Phänomen‹ bei Hochbegabten: Man meint, den anderen nur ganz vorsichtig anzutippen, und haut ihn dabei gleich aus den Schuhen. So, als hätte man unwissentlich einen Zaubertrank zu sich genommen und könne daher seine Kräfte nicht richtig einschätzen.

Das Asterix-Phänomen

Was für Hochbegabte ganz einfach und selbstverständlich erscheint, zum Beipiel einen komplexen Sachverhalt gleich zu Beginn auf den Punkt zu bringen, ist für die Mehrheit oft nicht nachvollziehbar. Und was der Mehrheit ganz simpel erscheint, ist für Hochbegabte oft ein anstrengendes und kompliziertes Unterfangen. Wenn ich etwa in einem Lexikon einen bestimmten Begriff nachschlagen will, fallen mir schon beim Blättern so viele andere interessante Begriffe ins Auge, dass ich diese erst noch schnell nachlese und dabei vergesse, was ich eigentlich suchen wollte. So muss ich oft viele Male von vorn beginnen. Die sprichwörtliche Zerstreutheit Hochbegabter ist meist darauf zurückzuführen, dass sie gedanklich hoch konzentriert oder mit vielen Dingen gleichzeitig beschäftigt sind.

Wem diese Schilderungen bekannt vorkommen, wird sehr wahrscheinlich in den hier beschriebenen Lebensgeschichten noch weitere Ähnlichkeiten entdecken.

Wie erkenne ich, ob ich hochbegabt bin?

Intelligenztests sind *eine* Möglichkeit herauszufinden, ob man intellektuell hochbegabt ist (siehe Kasten S. 16). Zum einen aber sind die gängigen Testverfahren zu Recht umstritten und geben oft nur einen kleinen Ausschnitt geistiger Befähigungen wieder, ganz zu schweigen von sozialen, emotionalen, künstlerischen und alltagspraktischen Begabungen. Zum anderen scheuen gerade hochintelligente Menschen nichts so sehr wie einen Intelligenztest, weil sie stark zu Selbstzweifeln neigen oder befürchten, in einer Testsituation vor lauter Angst zu versagen.

Info

Intelligenztests

■ Wer führt seriöse Testungen durch?

Einen Intelligenztest kann man bei geeigneten Psychologen durchführen lassen. Es ist nicht unbedingt erforderlich, dass diese auf Hochbegabung spezialisiert sind, aber man sollte darauf achten, dass zumindest keine allzu großen Vorbehalte gegenüber Hochbegabten und Intelligenztests bestehen. Bei den meisten verhaltenstherapeutisch ausgebildeten Psychologen gehören Intelligenztests zum diagnostischen Grundinventar. Die Krankenkasse übernimmt die Kosten nur dann, wenn eine ›krankheitswertige Störung‹ vorliegt; anderenfalls sind die Kosten vom Klienten selbst zu tragen. Es gibt mittlerweile eine Reihe von Psychologen, die sich mit hochbegabten Kindern und Jugendlichen auskennen und auch mit Erwachsenen Intelligenztests durchführen. Adressen finden sich z.B. beim ›Netzwerk für hochbegabte Erwachsene‹ im Internet. Auch die Hochbegabtenvereinigung ›Mensa‹ e.V. führt zuverlässige Intelligenztests durch (Gruppentests).

■ Welche Arten von Intelligenztests gibt es?

Es gibt Intelligenztests, deren Schwerpunkt stärker auf bildungsabhängigen Inhalten beruht (z.B. HAWIE oder IST), und solche, die nur die sog. Grundintelligenz messen, unabhängig von sprachlichen oder bildungsbedingten Fertigkeiten (z.B. SPM, APM, CFT). Erstere fragen sprachliche und mathematische Fertigkeiten sowie Fähigkeiten zum räumlichen und visuellen Denken ab. Letztere messen anhand von Zeichenfolgen ausschließlich die Fähigkeit zum abstrakt-logischen Denken. Einige Tests finden unter zeitlicher Begrenzung statt (z.B. IST), manche sind nur in Teilen zeitabhängig, und einzelne Tests haben eine »Non-speed«-Variante und eignen sich für Personen, die unter Zeitdruck besonders stressanfällig reagieren. In manchen Fällen ist es sinnvoll, sowohl einen bildungsabhängigen als auch einen bildungsunabhängigen Test durchzuführen, z.B. wenn die betreffende Person über wenig Schul- oder akademische Bildung verfügt.

■ Wie läuft eine Testung ab?

Bei Psychologen finden die Tests zumeist in mindestens zweistündigen Einzelsitzungen statt. Manche Testverfahren sind reine ›Paper-Pencil-Tests‹, bei welchen man selbstständig Aufgabenbögen ausfüllt, die zuvor vom Testleiter erläutert werden (z.B. IST, APM). Bei anderen Intelligenztests werden die Fragen vom Testleiter gestellt und verbal beantwortet, und es wird Aufgabenmaterial vorgelegt (z.B. HAWIE). Bei ›Mensa‹ e.V. finden die Testungen in etwa zweistündigen Gruppentests statt, bei welchen die Fragebögen unter Aufsicht des Testleiters selbstständig ausgefüllt werden.

■ Ab welchem IQ-Wert ist man hochbegabt?

Ab einem Intelligenzquotienten (IQ) von 130 Punkten gilt eine Person als hochbegabt. Sie gehört damit zu den zwei bis drei Prozent Intelligentesten ihrer Altersgruppe. Aber bereits ab einem IQ von ca. 125 Punkten können sich bei den Betreffenden viele Ähnlichkeiten mit Hochbegabten zeigen.

■ Gibt es auch Teil-Hochbegabungen?

Bei Testergebnissen über 120 IQ-Punkten lohnt es sich in jedem Fall, den Testleiter um eine differenzierte Auswertung zu bitten. Möglicherweise setzt sich das Testergebnis z. B. aus extrem hohen Werten im sprachlichen und leicht überdurchschnittlichen Werten im mathematischen Bereich oder umgekehrt zusammen. Erreicht man auf einzelnen Gebieten einen Wert, der einem IQ von über 130 Punkten entspräche, gilt man z. B. als sprachlich oder mathematisch hochbegabt.

■ Wie zuverlässig sind die Testergebnisse?

Es gibt nur wenige Faktoren, die ein Testergebnis nach ›oben‹ hin verfälschen, d. h. einen höheren Wert bedingen, als er den Fähigkeiten der Testperson entspricht. Denkbar wäre hier lediglich ein intensives vorheriges Üben von Testreihen. Da zugelassene Intelligenztests der Allgemeinheit jedoch in den seltensten Fällen zugänglich sind, kommt dies fast nie vor. Nicht wenige Faktoren können ein Ergebnis jedoch nach ›unten‹ hin verfälschen, zum Beispiel weil die Testperson ängstlich, angespannt, müde oder unkonzentriert ist. Dies schlägt sich zumeist in sehr unausgewogenen Testprofilen nieder. Die Durchführung zweier verschiedener Testverfahren (s. o.) kann hier sinnvoll sein. Je ausgewogener ein Profil ist, umso zuverlässiger sind in der Regel die Ergebnisse. Natürlich ist auch zu berücksichtigen, dass ein Intelligenztest künstlerische, soziale und emotionale Fähigkeiten nicht oder nur ganz am Rande erfasst.

Natürlich kann auch der Blick auf die eigene Laufbahn und besondere schulische, berufliche oder künstlerische Erfolge ausreichen, eine Hochbegabung bei sich zu vermuten. Allerdings gibt es auch Hochbegabte, die keine überragenden Leistungen erbringen und ihre Talente gar nicht oder nur wenig entfalten können.

Der erste und diskreteste Schritt, sich mit der Möglichkeit einer eigenen Hochbegabung zu befassen, ist das Studium von Lebensgeschichten und -gewohnheiten Hochbegabter. Entdeckt man hier viele Parallelen und Übereinstimmungen, kann man den Gedanken weiterverfolgen und gegebenenfalls eine Testung in Betracht ziehen. Übrigens findet man in der Hochbegabtenvereinigung ›Mensa‹ e. V. oder in Internetforen für Hochbegabte häufig Personen, die sich lieber nicht testen lassen möchten, aber dennoch an Veranstaltungen und Diskussionen mit anderen Hochbegabten teilnehmen. Eine Testung ist hierfür nicht immer erforderlich.

Warum ist es überhaupt wichtig, die eigene Hochbegabung zu erkennen? Wenn man im Beruf erfolgreich und zufrieden ist, erfüllende soziale Kontakte hat und seine Begabungen umsetzen kann, erübrigt sich diese Frage vielleicht. Aber es gibt eine beträchtliche Anzahl Hochbegabter, die mit einer dauernden unterschwelligen Unzufriedenheit leben, weil sie das Gefühl haben, ihre Möglichkeiten nicht auszuschöpfen, blockiert zu sein, keine anspruchsvollen Aufgaben bewältigen zu können und den falschen Beruf auszuüben; die immer wieder Pläne schmieden, wie sie eigene Wünsche und Ziele verwirklichen können, gerne mehr im Leben erreichen würden und spüren, dass sie ›das Zeug dazu‹ hätten, es aber nicht anzugehen wagen; die sich in Gruppenaktivitäten aller Art aus unerfindlichen Gründen unwohl fühlen und in Freundschaften und sozialen Kontakten stets einen unbestimmten Mangel empfinden, ohne ihn klar benennen zu können.

Unterforderung kann krank machen

Ich spreche in diesem Zusammenhang vom Begriff der *Passung*: Wenn die eigene Ausstattung nicht mit den äußeren Gegebenheiten übereinstimmt, wenn vorhandene Fähigkeiten und Bedürfnisse nicht adäquat umgesetzt werden, ist nicht genügend Passung vorhanden. Anders ausgedrückt: Begabungen sind ein Energiepotenzial, und wenn es nicht genutzt wird, entstehen überschüssige Energien, die sich anderweitig Raum zur Entladung suchen oder gedämpft werden müssen.

Bei hochbegabten Kindern, die unter anhaltender Unterforderung leiden, beobachtet man, dass sie ihre überschüssigen Energien entweder gegen sich selbst oder gegen andere richten. Manche entwickeln depressive Symptome und Ängste, manche reagieren aufbrausend, reizbar und aggressiv, wieder andere sind unruhig, zappelig, stehen ›unter Strom‹, knabbern an Fingernägeln, Bleistiften und Pulloverärmeln oder entwickeln psychosomatische Beschwerden wie Kopf- und Bauchschmerzen oder Schlafstörungen. Einige hochbegabte Jugendliche berichten, dass sie ihre innere Anspannung mit exzessivem Fernsehkonsum, Computerspielen oder Cannabis unter Kontrolle zu bringen versuchen.

Bei hochbegabten Erwachsenen, die über lange Zeit nicht ausreichend gefordert sind, beobachte ich Ähnliches: Sie beruhigen sich mit üppigen Mahlzeiten, Alkohol und Nikotin oder leiden unter körperlichen und seelischen Störungen. Bei Kindern wie bei Erwachsenen verschwinden diese Symptome oft auf wundersame Weise, wenn die Hochbegabung, also die ungenutzten Energiepotenziale, erkannt und im sozialen und schulischen bzw. beruflichen Alltag umgesetzt werden.

4. »Typisch« hochbegabt

Zweifellos gibt es nicht ›den‹ typischen Hochbegabten, und gerade Hochbegabte reagieren auf alle Versuche, sie in Schubladen zu stecken, zu kategorisieren und zu typisieren, mit berechtigter Kritik. Ich betrachte auch die Typen-Schilderungen in meiner ersten Publikation über Hochbegabte (»Jenseits der Norm«) mit Skepsis. Resultat dieser Zweifel ist unter anderem die Sammlung der vorliegenden Lebensgeschichten, in welchen ich die Hochbegabten so authentisch und individuell wie möglich selbst zu Wort kommen lassen möchte. Es sei mir verziehen, wenn ich dennoch an mancher Stelle das Wort ›typisch‹ verwende, denn meine Erfahrungen zeigen, dass es bei aller Individualität auch eine Reihe von Gemeinsamkeiten gibt, deren Entdeckung überdies auf viele Hochbegabte erleichternd und entlastend wirkt.

Stark vereinfacht gesagt bedeutet Hochbegabung *mehr von allem*: mehr denken, mehr fühlen und mehr wahrnehmen. Dem liegt meine Vermutung zugrunde, dass Hochbegabte Informatio-

Informationen und Reize werden komplexer verarbeitet

nen und Reize aller Art (also geistige, emotionale und sensorische) intensiver und komplexer verarbeiten als die Mehrheit. Dies kann viele Vorteile, aber auch einige Nachteile haben.

›*Mehr denken*‹ heißt, dass Hochbegabte gewöhnlich über eine schnelle, komplexe und bisweilen sprunghafte Denkfähigkeit verfügen, rasch Assoziationen und Verknüpfungen herstellen und vieles hinterfragen, was anderen normal und selbstverständlich erscheint. In Diskussionen erfassen Hochbegabte schnell das Wesentliche und kommen sofort auf den Punkt. Sie denken mehr und gründlicher nach als andere, manchmal jedoch auch *zu* viel und *zu* gründlich. Dies kann dazu führen, dass man bei Routineaufgaben leicht abschweift, sich im Alltag und bei der Arbeit leicht verzettelt, auf zu viele Details achtet und den Wald vor lauter Bäumen nicht sieht; dass man dauernd den Kopf zu voll hat, zu kompliziert denkt und schwer abschalten kann; oder dass es schwerfällt, Entscheidungen zu treffen und spontan zu reagieren. Monotone Tätigkeiten erleben Hochbegabte oft als belastend und quälend, beim Lernen und Üben verlieren sie mitunter leicht die Geduld und erfinden eigene Strategien, mit welchen sie schneller zum Ziel gelangen.

›*Mehr fühlen*‹ heißt, dass sehr viele Hochbegabte besonders feinfühlig und sensibel sind, auf Stimmungen in der Umgebung seismografisch genau reagieren und angenehme wie unangenehme Emotionen oft stärker als ihre Mitmenschen erleben. Hochbegabte haben typischerweise ein ausgeprägtes Gerechtigkeitsempfinden, können sich gegen das ›Leid der Welt‹ schwer abgrenzen und nehmen sich traurige Erlebnisse sehr zu Herzen. Auch neigen sie dazu, eher an sich selbst als an anderen zu zweifeln, (zu) hohe Ansprüche an sich zu stellen und Misserfolge weit stärker zu gewichten als Erfolge. Manche gehen eine Aufgabe lieber erst gar nicht an, wenn sie fürchten zu scheitern.

›*Mehr wahrnehmen*‹ bedeutet, dass Hochbegabte in der Regel auch Sinneseindrücke (Lärm, Licht, Gerüche, Berührung) intensiver wahrnehmen als viele andere. Ein feines Gehör ist zum Beispiel Voraussetzung für Musikalität, ein ausgeprägter Licht- und Farbsinn für malerische Begabung, eine gute visuelle Wahrnehmungsfähigkeit für grafische oder gestaltende Tätigkeiten und taktiles Fingerspitzengefühl für detailgenaues Vorgehen etwa eines Uhrmachers oder Chirurgen. Andererseits fühlen Hochbegabte sich von zu vielen Außenreizen manchmal irritiert und angestrengt, können sich schwerer konzentrieren und verlieren bei lauten Veranstaltungen oder in großen Gruppen leicht den Überblick. In ruhiger Umgebung und Einzelkontakten fühlen sie sich oft wohler.

Info

Mehr denken

+ Erfassen komplexer Zusammenhänge
+ Auffinden vielfältiger Lösungswege
+ Hohe Auffassungsgabe
+ Finden neuer Gedankenverbindungen und Ideen
+ Anstellen weitreichender Überlegungen
+ Schnelleres Denken
+ Berücksichtigung zahlreicher Aspekte

- Schwierigkeiten bei einfachen Aufgaben
- Vorauseilendes Denken
- Ungeduld und Langeweile
- Überhöhtes Streben nach Perfektion
- »Kopf in den Wolken«, »über den Dingen schweben«
- Widerstand gegen Alltagsroutine
- Schwierigkeiten bei Meinungsbildung/Entscheidungsfindung

Mehr fühlen

+ Reiches Innenleben, starke Emotionen
+ Hohe Empfindungsfähigkeit
+ Starker Gerechtigkeitssinn
+ Hohes Einfühlungsvermögen und Mitgefühl
+ Kreative, künstlerische Potenziale

- Überempfindlichkeit, Dünnhäutigkeit
- Gefühlsausbrüche
- Stimmungsschwankungen, sich vieles sehr zu Herzen nehmen
- Himmelhoch jauchzend – zu Tode betrübt
- Misserfolge und Unangenehmes schwer verarbeiten

Mehr wahrnehmen

+ Hohe Auffassungsgabe (sensorisch)
+ Feinfühlige Sinnesorgane
+ Gute visuelle Wahrnehmung
+ »Fingerspitzengefühl«
+ Gute Detailwahrnehmung

- Lärm-, Licht-, Berührungsempfindlichkeit
- Ablenkbarkeit (zu viel auffassen)
- Vermeiden von Körperkontakt
- Herabgesetzte Schmerzgrenze
- Reizüberflutung (z. B. Sport, Menschenmengen)

Die nachfolgenden Zitate sollen dies anschaulich verdeutlichen; sie stammen überwiegend von Klienten, die noch nichts von ihrer Hochbegabung wussten, und sind vielleicht gerade für bislang unentdeckte Hochbegabte als Einstieg aufschlussreich.

»Du denkst zuviel nach!«
»Eigentlich denke ich von früh bis spät über irgendetwas nach. Ich mache mir Gedanken über Gesundheit, soziale und politische Verhältnisse, über wissenschaftliche Themen, über Sprache; ich möchte dauernd wissen, wie bestimmte Dinge funktionieren, zum Beispiel ein Radio oder ein Telefon, oder wie es zu gewissen Naturphänomenen kommt. Auch nach Fernsehsendungen, Unterhaltungen mit anderen oder gesellschaftlichen Ereignissen ist es für mich ganz selbstverständlich, alles zu hinterfragen, Hintergründe und Erklärungen zu suchen und Zusammenhänge verstehen zu wollen. Andere haben wenig Verständnis dafür, dass ich mir dauernd den Kopf über alles Mögliche zerbreche; auch mir selbst ist es manchmal regelrecht lästig, dass meine Gedanken nie stillstehen und ich nie zur Ruhe komme.«

»Es kann nicht sein, dass ich klüger bin als andere«
»Ich besuchte einen Vortrag eines international renommierten Hochschullehrers, der über hochbegabte Jugendliche sprach, und wartete gespannt auf seine Ausführungen und neue Erkenntnisse. Je weiter die Zeit voranschritt, umso irritierter war ich; ich fragte mich, wann er endlich zum Thema kommen würde, denn seine Äußerungen erschienen mir sehr allgemein, fast banal. Ich guckte mich vorsichtig um, ob die andern das vielleicht auch so wahrnehmen, aber alle schienen interessiert zuzuhören. Am Ende kam es mir so vor, als hätte ich nichts erfahren, was ich nicht vorher schon gewusst hätte. Diesen Eindruck habe ich natürlich für mich behalten, denn es kann wohl kaum möglich sein, dass ich als Krankenschwester mit Realschulabschluss ebenso viel weiß wie ein hoch dotierter Professor. Vielleicht habe ich vieles gar nicht richtig verstanden? Vielleicht erscheint es mir nur so einfach, ist aber in Wahrheit viel komplizierter? Habe ich

wichtige Zusammenhänge gar nicht nachvollzogen oder Wichtiges überhört?«

»Ich nahm an einem Seminar für Psychologie teil. Der Dozent erklärte einen Sachverhalt, den ich auf Anhieb verstanden habe, aber von allen anderen Anwesenden nicht verstanden wurde. Es wurden viele Fragen dazu gestellt, und der Dozent wiederholte seine Ausführungen und Erklärungen mehrfach. Ich begann zu zweifeln, ob ich den Inhalt wirklich verstanden hatte, denn ich habe nur eine mittlere Schulbildung und war von Akademikern umgeben, die eigentlich alle viel klüger sein müssten als ich. Also kam ich zu dem Schluss, dass ich die Aussagen gar nicht auf Anhieb verstanden haben *könne*, suchte nach tiefer liegenden Zusammenhängen und traute mich nicht mehr, etwas zu sagen, weil die anderen sonst gemerkt hätten, dass ich überhaupt nichts kapiert hatte.«

»Als ich mich mit zwanzig das erste Mal mit philosophischer Lektüre befasste, stellte ich erstaunt fest, dass ich mir viele der ausgeführten Gedanken bereits selbst gemacht hatte, aber sie waren mir ganz normal vorgekommen. Wenn das Philosophie ist, dachte ich, muss ich wohl selbst ein Philosoph sein. Aber ich kann mich doch mit so großen Denkern unmöglich auf eine Stufe stellen.«

»Je größer eine Gruppenveranstaltung ist, umso unwohler fühle ich mich«

»Auf Elternabenden, in Seminaren oder Gruppensituationen überkommt mich immer ein großes Unwohlsein. Oft gehe ich frustriert, angespannt und irritiert nach Hause und finde keine rechte Erklärung dafür. Meist denke ich, dass es an mir liegen muss: Vielleicht sind meine Ansprüche zu hoch, vielleicht bin ich sozial zu ungeschickt, vielleicht funktioniert mein Denken irgendwie anders. Was für andere normal ist, scheint für mich überhaupt nicht normal zu sein: zum Beispiel, dass man sich gegenseitig laufend ins Wort fällt, dass man nicht zum wesentlichen Punkt einer Sache kommt, sondern dauernd drumherum redet; oder dass Leute taktieren, sich geschickt in Szene setzen oder irgendwelche Gefechte austragen, die mit dem Thema gar nichts zu tun haben. Wenn ich dann versuche, wieder aufs Thema zu kommen, oder eine Frage stelle, herrscht oft augenblicklich irritiertes Schweigen, oder ich bringe andere gegen mich auf, ohne zu wissen warum. Für mich ist es selbstverständlich, die Dinge schnell auf den Punkt zu bringen und gezielt nach Lösungen zu suchen. Viele Debatten dauern mir einfach zu lange. Wenn viele Leute durcheinanderreden, verliere ich außerdem oft schnell den Überblick und kann mich nicht mehr konzentrieren. Es ist für mich auch schwer zu durchschauen, wenn jemand Spielchen treibt oder mich auf seine Seite ziehen will oder sonstige persönliche Ziele verfolgt, die mit der Sache nichts zu tun haben. Am Ende habe ich dann das Gefühl, dass ich offenbar einfachste soziale Regeln nicht verstehe und irgendetwas mit mir nicht stimmt.«

»Ich bin einfach zu sensibel«

»Wenn ich eine Zeitung aufschlage oder Nachrichten im Fernsehen sehe oder einfach nur durch die Stadt gehe, fallen mir viele Dinge auf, die ich nur schwer verkraften kann: ein weinendes Kind, ein betrunkener Bettler, ungerechte Verhältnisse aller Art. Viele Bilder aus den Medien verfolgen mich tagelang. Wenn ich freiwillig oder unfreiwillig von Grausamkeiten und Misshandlungen erfahre, schmerzt mich das beinahe so sehr, als würde es mir selbst passieren. Andere sagen immer, ich würde das ganze Leid der Welt auf meinen Schultern tragen. Ich kann einfach nicht ausblenden, was alles an Schrecklichem passiert, es ist mir unmöglich, mich davon zu distanzieren. Manchmal raubt mir das meine komplette Energie und macht mich richtig depressiv.«

»Ich stehe mir mit meiner Ungeduld beim Lernen selbst im Weg«

»Wenn ich eine neue Aufgabe angehe oder etwas Neues lerne, bin ich einerseits mit Feuereifer dabei. Andererseits ist es mir fast unmöglich, mir von jemandem etwas sagen oder beibringen zu lassen. Ich weiß, dass das keine schöne Eigenschaft ist, aber ich will alles immer *selbst* können, selbst entdecken. Und wenn ich es dann nicht gleich kann, werde ich zu schnell wütend und verzweifelt. Es fällt mir schwer, das zu steuern, ich bin immer viel zu ungeduldig und manchmal, ehrlich gesagt, auch zu besserwisserisch. Oft schmeiße ich eine Sache dann erst mal hin. Als Jugendlicher bekam ich Gitarrenunterricht, aber nach kurzer Zeit weigerte ich mich, daran teilzunehmen. Ich besorgte mir Lernhefte für Autodidakten und brachte mir das Gitarrespielen selbst bei. Später wollte ich zeichnen lernen; zwei Zeichenkurse beendete ich nach wenigen Stunden und arbeitete anschließend über Monate allein Zeichenbücher durch.«

»Monotone Aufgaben sind eine Qual für mich«

»Lieber sterbe ich vor Langeweile, als Fenster zu putzen. Die dauernd wiederkehrenden Arbeiten im Haushalt finde ich nicht nur lästig, sondern richtig quälend. Meine Tochter sagte mal: ›Es nervt mich nicht nur, Vokabeln zu pauken – es *ekelt* mich an.‹ Ich wusste genau, was sie damit meint. Monotone Aufgaben bereiten mir fast körperliches Unwohlsein. Neulich dachte ich, es ist sicher kein Zufall, dass viele Künstler in der Vergangenheit Hausangestellte hatten – selbst wenn sie nicht reich waren. Manchmal bin ich ganz niedergeschlagen bei dem Gedanken, dass mein Leben eine endlose Aneinanderreihung von Alltagsverpflichtungen ist, die niemals aufhören ... Wäschewaschen, Abspülen, Putzen, Einkaufen. Es geht nicht darum, dass ich mir für solche ›niederen‹ Arbeiten zu fein wäre, sondern ich empfinde dabei einen fast unüberwindlichen Widerwillen. Auch im Beruf drücke ich mich immer so lange um die einfachen Arbeitsvorgänge, zum Beispiel Aktenablage, bis mich die Unordnung zu überrollen droht.«

»Unterschwellig bin ich immer unzufrieden mit meiner Arbeit«

»Eigentlich glaube ich, dass viel mehr in mir steckt, als ich es zeige. Wenn ich zum Beispiel ein Buch lese oder eine Dokumentation sehe, ertappe ich mich oft bei dem Gedanken: ›Das könnte ich auch, vielleicht sogar besser.‹ Solche Überlegungen behalte ich meistens lieber für mich, denn ich habe im Leben bisher nicht viel erreicht. Es gibt allerdings viele, die mich für sehr intelligent halten und meinen, ich müsste mehr aus meinen Fähigkeiten machen. Aber ich selbst zweifle, ob ich das kann. Andererseits mache ich mir dauernd Vorwürfe, es nicht wenigstens zu versuchen, und grüble viel darüber nach, wie ich mein Berufsleben ändern könnte. Da sich dann jedoch herausstellen könnte, dass ich doch nicht gut genug bin, lasse ich es lieber.«

Die größte Stärke und zugleich die größte Schwäche Hochbegabter sind also die Komplexität ihres Denkens, die Sensibilität ihres Gefühlslebens und die Differenziertheit ihrer Wahrnehmung.

II. Lebensgeschichten Hochbegabter

Im vorigen Kapitel hatte ich schon erwähnt, dass man beim Versuch, hochbegabte Menschen in Sparten, Kategorien oder Schubladen einzuteilen, zwangsläufig scheitern muss. Ganz besonders deshalb, weil Hochbegabte meist komplexe, vielschichtige, facettenreiche und zum Teil widersprüchliche Persönlichkeiten sind, die sich nicht in irgendwelche Normen fügen. Sie sind häufig Individualisten, welchen am ehesten individuelle Schilderungen und Geschichten gerecht werden, die weit aussagekräftiger sind, als es allgemein gefasste Aussagen sein können.

1. Spät erkannte Hochbegabte

Vor knapp fünfzehn Jahren, gegen Ende meines Psychologiestudiums, erreichte mich die Anfrage einer Elternvereinigung für hochbegabte Kinder, man suche eine Psychologin, die Kinder auf Hochbegabung teste. Es gebe so gut wie keine Psychologen, die bereit seien, solche Testungen durchzuführen, da man diesem Thema mit Ablehnung und Skepsis begegne. Wenn Kinder hochbegabt seien, so die meisten Pädagogen und Psychologen, würden sie schließlich ohnehin bessere Chancen als andere haben und bräuchten nicht auch noch besondere Zuwendung und Förderung. Die Messung der Intelligenz diene zudem nur dazu, ehrgeizigen Eltern einen Vorwand zu liefern, ihre Sprösslinge hervorzuheben. Wenn es in der Schule Schwierigkeiten gebe, habe das in der Regel mit problematischen Familienverhältnissen zu tun und nicht mit überdurchschnittlicher Intelligenz oder Unterforderung.

Ich selbst hatte im Studium nur in einer Randbemerkung eines Professors von hochbegabten Kindern gehört, die sich aus Langeweile und Unterforderung in der Schule Fingernägel abknabbern, Haare ausreißen und unruhig und unaufmerksam werden. Diese kurze Äußerung hatte mich zwar seltsam berührt, aber ich war der Thematik nicht weiter nachgegangen. Nun war ich einerseits neugierig, andererseits hatte ich Zweifel, ob ich hochbegabten Kindern überhaupt gewachsen sein würde. Ich stellte mir kleine Professoren, Wunderkinder und Superhirne vor, die mich mit wissenschaftlichen Fragen und mathematischen Aufgaben herausfordern und mir vor Augen führen würden, dass sie schlauer seien als ich. Ich war jedoch schnell fasziniert von der Arbeit mit hochbegabten Kindern und spezialisierte mich schließlich darauf. Kollegen und Bekannte reagierten irritiert und stellten viele kritische Fragen: »Wieso brauchen diese Kinder psychologische Unterstützung? Man sollte sich vielmehr um die leistungsschwächeren Kinder kümmern.« Auch in Gesprächen mit LehrerInnen stellte ich fest, dass außer Klischees kaum Informationen zu hochbegabten Kindern vorhanden waren. Engere Freunde bedachten mich immerhin mit einem wohlwollenden Lächeln, weil ich mich wieder einmal mit einem so exotischen Thema befasste.

Zwar dauert die Arbeit mancher Hochbegabtenvereinigungen schon seit mehr als zwei Jahrzehnten an, aber erst im Verlauf der letzten fünf Jahre gab es erste Berichte in den Medien, Lehrerfortbildungen und schulische Maßnahmen zur Förderung Hochbegabter.

»Früher gab es keine Hochbegabten!«

Es verwundert also nicht, dass die Mehrzahl der heute über Dreißigjährigen überhaupt nicht als Hochbegabte identifiziert oder (falls man sie zufällig getestet hatte) anerkannt wurde. Nicht selten sind es die Betreffenden selbst, die ihrer Hochbegabung überhaupt keine Bedeutung beimessen oder sie fast verschämt herunterspielen. Für viele andere bedeutet jedoch das Erkennen der eigenen Hochbegabung einen Wendepunkt in ihrem Leben. Seit Jürgen vom Scheidts Veröffentlichung über das »Drama der Hochbegabten« und meinem Buch »Jenseits der

Norm« tauchen allmählich immer mehr Erwachsene auf, die ihre Hochbegabung erkennen und Informationen zu ihrer Thematik suchen.

Ich beginne daher mit Biografien spät erkannter Hochbegabter, da sie den weit größeren Teil ausmachen als früh erkannte und geförderte Hochbegabte.

Hochbegabte unterschätzen sich oft

Schon bei der Frage nach der eigenen Lebensgeschichte zeigte sich, dass viele Hochbegabte eher zu tief stapeln als zu hoch. Dies bestätigen auch die Erfahrungen in meiner psychologischen Arbeit. Oft legen die Betreffenden viel zu hohe Maßstäbe an und unterschätzen sich dadurch zwangsläufig. Ein knapp sechsjähriger hochbegabter Junge hatte Angst, zum Einschulungstest zu gehen, und seine Eltern fragten ihn, wovor er sich denn fürchte. Er antwortete: »Ich kann doch noch gar nicht bis eine Million zählen!« Hochbegabte haben häufig ganz falsche Vorstellungen davon, was von ihnen erwartet wird. Sie denken, dass die meisten anderen viel mehr wissen, viel mehr können oder – gebeten, ihre Biografie für dieses Buch aufzuschreiben – viel Interessanteres zu berichten haben als sie selbst. Wer einen weiten Horizont hat und weit blicken kann, hat natürlich auch eher einen Sinn dafür, was er alles nicht weiß.

Vor diesem Hintergrund sind Hochbegabte besonders empfänglich für Selbstzweifel; besonders dann, wenn sie im familiären Umfeld durch Ablehnung und abwertende Äußerungen geschürt werden. Welche weitreichenden Folgen dies haben kann, zeigt das Beispiel der ersten Geschichte.

»Beam me up, Scottie ...«

Als ich gefragt wurde, ob ich mir vorstellen könnte, eine Kurzbiografie für ein Buch über Hochbegabte zu schreiben, dachte ich: »Ich? Eine Biografie?« Schon das Wort kam mir zu groß vor für mein kleines Leben. Wer sollte sich für die Geschichte einer langweiligen Hausfrau und Mutter zweier hochbegabter Kinder interessieren? Ich dachte, ich könnte höchstens als abschreckendes Beispiel dienen, denn ich wusste bis vor kurzem gar nichts von meiner Hochbegabung und es gibt in meinem Lebenslauf viele leere Stellen, weil ich keine Ahnung hatte, wo ich mein Ei hinlegen sollte. Außerdem schien mir mein Persönlichkeitsprofil aufgrund meiner nicht sehr förderlichen Kindheit viel zu unübersichtlich. Ich zweifelte stark, ob sich da genug geeigneter Stoff für ein Kapitel herausdestillieren lassen würde. Aber ich nahm das Projekt zum Anlass, meine lebenslangen Selbstzweifel vorübergehend einzumotten und mich zur Abwechslung einmal meinen möglicherweise vorhandenen Stärken zuzuwenden. Stärken, die ich zwar an mir bemerkte, die ich aber immer als zu gering und unnütz einschätzte. Ich hatte deshalb nie versucht, mehr daraus zu machen. Ich hielt nicht viel von mir.

Diese fehlende Wertschätzung begleitete mein Leben schon von dem Moment an, als ich ungebeten das Licht der Welt erblickte, weil irgendein pflichtvergessener Storch mich ins Leben fallen ließ. Er muss ein logistisches Problem gehabt haben, denn er gab mich in einer Familie ab, die mich nicht bestellt hatte. Überhaupt warf er mich in einer Welt ab, in die ich nicht wirklich gut hineinpasste. Wahrscheinlich irrte er sich bereits im Sonnensystem, denn der Verdacht, dass ich auf einem anderen Planeten mit anders gestrickten Lebewesen letztendlich kompatibler gewesen wäre, hat mich nie ganz losgelassen …

Ich wurde 1966 geboren. Zu meiner Entschuldigung kann ich nur vorbringen, dass man mich nicht um meine Meinung gebeten hat, denn möglicherweise hätte ich dann eine bessere Gelegenheit abgewartet. Aber dazu war es nun zu spät, und so musste ich mich als unerwünschtes Kind mit einem Platz auf der emotionalen Rangordnung weit hinter meiner älteren Schwester abfinden.

Man erzählt, ich hätte viel geweint, sei überhaupt ein unruhiges Baby gewesen und habe, anstatt ordnungsgemäß einzuschlafen, mit dem Gitterbett gegen die Wand geschaukelt, bis der Putz rieselte. Ich kenne frühe Vorwürfe, mich immer durchsetzen zu wollen, frech und vorlaut zu sein, meine Schwester zu ›unterdrücken‹ und erstens bitte langsamer und zweitens nicht überall mitreden zu wollen.

In einem verzweifelten Versuch, schnell schreiben zu lernen (unter anderem um eine Beschwerde an die Storchagentur zu verfassen), machte ich mit meiner ein Jahr vor mir eingeschulten Schwester ›Hausaufgaben‹. Dies wurde unterbunden, denn dadurch würde ich sie stören. Meinen Einschulungstest brachte ich so schnell hinter mich, dass meine wartende Mutter beunruhigt war, aber ich hatte mühelos bestanden. In der Schule wurde mir ein gutes Zahlenverständnis und weit fortgeschrittene Lesefähigkeit attestiert. Ich konnte ›unbekannte Texte ohne Übung fließend lesen‹, und habe seitdem, was das Lesen betrifft, nichts mehr dazugelernt. Die schriftlichen Tests waren durchweg besser als die mündliche Mitarbeit; da ich sehr schüchtern war, traute ich mich nicht, mich viel zu beteiligen. Die Lehrer fanden das schade. Ihr Vorschlag, mich eine Klasse überspringen zu lassen, wurde von meinen Eltern abgelehnt. Dies erfuhr ich allerdings erst, als ich schon erwachsen war.

Bis auf die Tatsache, dass ich meine Hausaufgaben gerne und gewissenhaft machte, Informationen über Weltraumfahrt und Astronomie sammelte und an jedem Öffnungstag in der Bücherei stand, um meine wöchentliche Dosis Bücher abzuholen (Leider durfte man nur vier Bücher mitnehmen! Dazu kamen die, die sich meine Schwester auslieh, und privat gekaufte Comics, das reichte eben so, um über die Woche zu kommen), unterschied ich mich nicht von anderen Kindern. Dachte ich jedenfalls. Meine Mutter war da anderer Meinung, sie empfand mich als frech, vorlaut, dominant, eingebildet und egoistisch, ich sei ein ekliges, hässliches Kind, das sich für sooo schnell und schlau hielte und das keiner mag.

Hier taten sich nun zwei Welten auf, die mich fortan begleiten würden. Ich selbst und die meisten Menschen in meiner Umgebung in der ›ersten‹ Welt, bestehend aus den Lehrern, Verwandten (auch meinem Vater) und Freundinnen, fanden mich ganz normal. Die zunehmend scharfen und verletzenden Vorwürfe meiner Mutter in der ›zweiten‹, häuslichen Welt zeichneten ein ganz anderes Bild von mir, das ich gar nicht verstehen konnte.

Eine dritte Welt erschuf ich mir selbst, sie existierte in meiner Fantasie und nährte sich aus Büchern, Fernsehsendungen und meinen eigenen Träumen. Hier fand ich alles, was ich brauchte, um mich über das unverständliche und beunruhigende Leben mit meiner Familie hinwegzutrösten. Besonders auf der ›Enterprise‹ fühlte ich mich sofort zu Hause, und so verbrachte ich viel freie Zeit im Weltraum, dem unendlich weiten, auf der Suche nach neuen Abenteuern. Ich habe auch lange im Dschungel gelebt, später dann in Mittelerde, aber am liebsten war mir immer der Weltraum. Er war groß und flexibel genug, um mir und allen Lebewesen, die ich mir im Laufe der Zeit ausdachte, ein angemessenes Umfeld zu bieten.

Zu Beginn der Gymnasialzeit führte ich ein ganz normales Leben als eher ruhige, gute bis mittelmäßige Schülerin. In der Schule sorgte ich höchstens für Irritationen, wenn ich mich im Unterricht auf Texte bezog, die erst ganz hinten im Buch standen. Natürlich hatte ich die Bücher am Anfang des Schuljahres sofort ganz durchgelesen.

Ich liebte Babys und kleine Kinder, weil ich sie so ehrlich fand und weil sie viel Fantasie und eine so originelle Sicht auf die Welt haben. Bei Geburtstagen der Verwandtschaft beschäftigte ich mich am liebsten mit ihnen, und die Kinder stürzten sich mit Begeisterung auf mich. Ich glaube, sie spürten genau, dass ich mich mit ihnen auf einer Ebene unterhielt, was sie (im Gegensatz zu den meisten Erwachsenen) toll fanden.

Mit sechzehn Jahren rebellierte ich gegen den unerträglichen Zustand zu Hause. Ich war nicht mehr bereit, mich anzupassen, begann zu rauchen, wurde Punk und trug Ohrringe aus Hühnerknochen, um ›Spießer zu schocken‹. Mit meiner Mutter gab es heftige Auseinandersetzungen. Der Zusammenhalt mit guten Freundinnen, zwei verständnisvolle Lehrerinnen und meine eigene Restvernunft gaben mir in dieser Zeit Halt und bewahrten mich davor, in der Punkszene Zuflucht zu suchen oder zu Drogen zu greifen.

Durch die Scheidung der Eltern wurde es ruhiger, da die Mutter nun vorübergehend ein anderes Feindbild hatte. Ich versuchte, in einer Art inneren Distanz zur Familie zu leben. Meine Noten wurden besser. Mein Freundeskreis war zweigeteilt, ich hatte ruhige, intellektuelle und aktivere, eher oberflächlichere Freundinnen für verschiedene Aktivitäten von Philosophie bis Disko. Ich las Platon, Aristoteles, liebte griechische Tragödien und Mythologie, wollte Hieroglyphen und Altgriechisch lernen, sammelte tiefsinnige und originelle Sprüche, wollte die Gedanken aller maßgeblichen Philosophen nachvollziehen und war auf der Suche nach Wahrheit.

In dieser Zeit, in der Oberstufe, hatte ich erstmals das Gefühl, mich von den meisten Altersgenossen irgendwie zu unterscheiden. Ich wollte ›in‹ sein, mich aber von dem damit verbundenen unerträglich oberflächlichen Gerede und Getue auf dem Schulhof abgrenzen. Ich trug grauschwarze Kleidung, gab mich cool und abgebrüht, sagte meine Meinung ganz direkt und äußerte mich gegenüber manchen Mitschülern unverblümt kritisch. Manchmal schaffte ich es, mit einer gezielten Bemerkung zwanzig Leute auf einen Schlag gegen mich aufzubringen. Es gab nicht viele, die sich von dieser Mischung aus innerem Reichtum und äußeren Stacheln nicht abschrecken ließen. Im Unterricht hatte ich in Deutsch, Kunst und Gesellschaftslehre den einen oder anderen Geistesblitz. Ich erinnere mich gerne an eine Gedichtinterpretation im Leistungskurs Deutsch: Mit vollem Mund handelten mein Sitznachbar und ich in der Fünf-Minuten-Pause die Interpretation, für die unsere Lehrerin eine Doppelstunde eingeplant hatte, in vier oder fünf Sätzen ab. Es war ein reiner Spaß, eine Art geistiges Pingpongspiel. Die Lehrerin, die unserem Gespräch zugehört hatte, war ganz entgeistert. Leider konnten wir diese Blitzinterpretation später nicht mehr für die Mitschüler reproduzieren, es war zu spontan. Diese Lehrerin erlaubte mir auch, ein Referatthema abzulehnen und einen eigenen Vorschlag einzubringen. Ich wollte unbedingt über Platons Höhlengleichnis sprechen, von dem ich hellauf begeistert war. Sie freute sich ehrlich über eine Schülerin, die sich so eingehend mit einem so schwierigen Thema beschäftigte, und war dafür auch bereit, ein klein wenig vom vorgegebenen Unterrichtsstoff abzuschweifen. Heute weiß ich, dass ich ihr viel zu verdanken habe. Sie hat mehr darauf geachtet, wie ich wirklich war, und nicht, wie ich mich zu dieser Zeit nach außen hin gab.

In Kunst diskutierten zwei meiner Mitschülerinnen und ich während des Malens gerne mit dem Lehrer, zum Beispiel über Anthroposophie oder den Zusammenhang von Kunst und Glaube. Der Lehrer war der Ansicht, dass Kunst zu Gott führen müsse, das sei ihre höchste Bestimmung; höhere Ziele gebe es nicht und ohne dieses Ziel sei Kunst wertlos. Ich vertrat die feste Überzeugung, dass ein Mensch, der sich wirklich zu Ende entwickelt hat, nicht mal mehr Gottheiten braucht. Wir hatten herrliche Diskussionen, aber wahrscheinlich hat außer uns vieren niemand etwas verstanden.

Die Lehrerin für Gesellschaftslehre wiederum erkannte schnell mein Talent, jede beliebige Position zu vertreten. Sie bat mich bei allzu lahmen Diskussionen gelegentlich, den ›advocatus diaboli‹ zu spielen, und dabei war ich vollkommen in meinem Element! Es spielte gar keine Rolle, ob ich von den Thesen überzeugt war oder nicht, mir fielen immer genug Argumente ein. Ich stellte mit Begeisterung, aber ernster Miene die wildesten Thesen auf und freute mich darüber, dass meine Mitschüler sich davon tatsächlich animieren und sogar provozieren ließen.

Nicht jeder Lehrer war so offen, und so gab es sehr unterschiedliche Beurteilungen meiner schulischen Leistungen. Bei einer Klausur reichte die Bewertung von ›Sehr gut‹ bis ›Thema verfehlt‹ – für ein und dieselbe Arbeit, von zwei verschiedenen Prüfern bewertet.

Das Abitur bestand ich mit 2,0. Insgesamt litten die Noten etwas darunter, dass ich schrieb, was ich für richtig hielt, und nicht, was bestimmte Lehrer lesen wollten.

Ich hatte keinen konkreten Berufswunsch (Journalismus, Verlag …), wollte möglichst viel offen halten und begann ein geisteswissenschaftliches Studium. Das erste Referat rief zu meiner Überraschung aufgrund seiner anscheinend ungewöhnlichen Qualität einiges Erstaunen hervor, was mein Selbstvertrauen endlich etwas festigte. Ich hatte eine These und wollte sie anhand einiger Beispiele belegen, und ich ließ mich vom Professor nicht davon abbringen, dass ich die richtigen Beispiele gewählt hatte. Offenbar hatte ich gute Argumente, und so gab er mir schließlich recht. Es war wohl nicht üblich, so selbstbewusst aufzutreten. Nach dem Referat, auf das ich eine Eins bekam, wollten einige Kommilitonen von mir wissen, wie lange man studieren müsse, um ein solches Referat zu halten, und ich schämte mich fast zuzugeben, dass es mein erstes war.

Ich hatte einen kleinen, netten Freundeskreis und kam mit dem selbstverwalteten Studentenleben gut zurecht, war aber insgesamt enttäuscht über manche der Professoren und viele der Kommilitonen. Selbst hier an der Uni gab es für meinen Geschmack zu viele pseudointellektuelle Schwafler und Luftnummern, und so waren meine Lieblingssprüche zu dieser Zeit: »Beam me up, Scottie! There's no intelligent life on this planet!« und »Situation hopeless, but not serious!« Dahinter stand aber weniger Arroganz als vielmehr eine gewisse Verzweiflung über meine ungeliebte Außenseiterrolle, die ich auch an der Uni behielt.

Leider hatte Scottie nicht auf Empfang geschaltet. Es wäre dringend nötig gewesen, mich an einen anderen Ort zu beamen, denn auch zu Hause eskalierten die Spannungen mit meiner Mutter nun zu offener Feindschaft und Psychoterror. Ich zog in eine eigene Wohnung, der Kontakt zur Mutter brach vorerst ab.

In anspruchsvollen und interessanten Jobs verdiente ich neben dem Studium etwas Geld, lernte viel dazu und bekam viel Anerkennung und Lob für mein Engagement und meine Zuverlässigkeit. In einem Eignungstest hatte ich das zweitbeste Ergebnis nach dem Firmeninhaber selbst, was ich aber nicht auf meine Leistung, sondern auf die Einfachheit des Tests zurückführte. In einem privaten Philosophiekreis lernte ich Leute kennen, die ebenso gerne wie ich wild herumphilosophierten. Es war eine schöne Zeit.

Meine Magisterarbeit schrieb ich nach eigenen Vorstellungen ohne Absicht am Professor vorbei (Note Vier). Die Klausuren waren gut, die mündlichen Prüfungen sehr gut bis aufsehenerregend gut, zum Beispiel wegen eines Lateinzitates. Die Aufregung darüber kann ich bis heute nicht nachvollziehen, denn erstens war das kleine Latinum eine der Voraussetzungen fürs Studium und zweitens hatte das Zitat in etwa den Schwierigkeitsgrad des Lateins in den Comics von Asterix und Obelix.

Mit der Gesamtnote ›Gut‹ war ich jedenfalls sehr zufrieden, vor allem, weil ich vor der letzten Prüfung schon einen Vertrag für einen festen Arbeitsplatz unterschrieben hatte.

Von der Routinearbeit im Beruf war ich jedoch schnell enttäuscht. In dieser großen Firma waren die Aufgaben streng verteilt. Es gab keinen Raum für innovative Ideen, keine kreativen Lücken, sondern entweder Stress oder Langeweile, und ich fühlte mich wie gefangen. Die Situation wurde erst wieder interessanter, als ich mich in einen Arbeitskollegen verliebte. Wir heirateten.

Meine Arbeit gab ich mit der Geburt meines Sohnes vorerst auf. Er war ein Wunsch- und Schreikind, das pausenlos herumgetragen werden wollte. Gleich nach der Geburt schien er seine Umgebung genau wahrzunehmen. In den folgenden dreieinhalb Monaten hatte er keine Zeit zum Schlafen, sondern musste alles ganz genau beobachten. Nach einer endlosen Zeit durchwanderter Tage und Nächte, in denen man sich kaum einmal hinsetzen durfte, ohne heftigsten Protest zu provozieren, wurde er endlich ruhiger und richtig süß. Er begann sehr früh erstaunlich gut und viel zu sprechen, wollte alles genau erklärt haben und kommentierte und analysierte alle Vorgänge in seiner Umgebung.

Nach etwa drei Jahren kam unser zweites Kind zur Welt, ein Mädchen. Sie war ein ruhiges, zufriedenes, in sich ruhendes Kind mit viel Fantasie. Im Kindergarten war sie unglücklich, begann sich zurückzuziehen und die Mitarbeit zu verweigern. Auf Anraten unserer Kinderärztin, die uns schon frühzeitig auf die ungewöhnlich schnelle Entwicklung der Kinder hingewiesen hatte, ließen wir sie auf Hochbegabung testen.

Die Diagnose ›Hochbegabung‹ erleichterte mich, da ich nun eine Erklärung für viele Besonderheiten bei unserer Tochter hatte. Andererseits entsprach sie so gar nicht meiner Vorstellung von Hochbegabten. Trotzdem, und vor allem weil sie selbst es gerne wollte, schulten wir sie mit knapp fünf Jahren gegen den Rat des Kindergartens vorzeitig ein. Ihre soziale und emotionale Entwicklung verläuft seitdem wunderbar, sodass wir die damit verbundenen anderen Schwierigkeiten nicht gerne, aber doch in Kauf nehmen.

Da wir uns nun schon besser auskannten, ließen wir unseren Sohn, der inzwischen in der Schule immer unzufriedener wurde und immer mehr begann, an sich selbst zu zweifeln, ebenfalls testen und anschließend eine Klasse überspringen. Er liebt die Schule noch immer nicht, aber er ist seitdem motivierter und ausgeglichener.

Bestürzt stellte ich während dieser für die ganze Familie schwierigen Phase fest, dass sich einige meiner engsten Freundinnen von mir zurückzogen, da sie sich von der Hochbegabung unserer Kinder offenbar irritiert fühlten.

Ein Wiedersehen mit meiner Mutter, die jedoch bald darauf starb und unsere Beziehung ungeklärt zurückließ, löste bei mir Depressionen und Angstzustände aus. Durch eine Psychotherapie entwickelte ich jedoch eine neue, tragbare Einstellung zum Leben und zu mir selbst. Ich begann nun auch verstärkt darüber nachzudenken, ob meine innere Unzufriedenheit mit dem überschaubaren Leben als Hausfrau und Mutter trotz der interessanten und anspruchsvollen Ehrenämter, die ich mir zum Ausgleich suchte, nicht auch mit einer eigenen, nie erkannten Hochbegabung zu tun haben könnte. Zum Glück hatte ich eine sehr kompetente Therapeutin, aber beim Thema Hochbegabung gab es gar keine Verständigungsmöglichkeit. Meine Sorgen um die Kinder, deren problematische Phasen und die Entscheidungen, die ich hier fällen musste, führte sie auf meinen übermäßigen Ehrgeiz und meine Leistungsfixierung zurück. Mein Versuch, über meine eigene vermutete Hochbegabung zu sprechen, versetzte sie sofort in eine starke Abwehrhaltung und meine verständnisvolle Bemerkung, dass sie eben wie bisher jeder Mensch mit einer unbewussten Ablehnung regiere, versetzte sie regelrecht in Zorn. Sie hat sich später dafür entschuldigt, aber das Thema Hochbegabung habe ich lieber nicht mehr aufgegriffen …

In der Fachliteratur über hochbegabte Kinder, die nun zu meinem täglichen Brot gehörte, fand ich viele Parallelen zu meinem eigenen Leben und erkannte viele der ›Symptome‹ an mir selbst wieder. Ein Buch, das unter anderem die Besonderheiten hochbegabter Erwachsener beschrieb, bedeutete für mich eine endgültige Zäsur. Während der Lektüre wusste ich oft nicht, ob ich lachen oder weinen sollte. Ich lief das ganze Wochenende hinter meinem armen Mann her, um ihm noch eine und noch eine Passage und meine Gedanken dazu vorzutragen. Ich fand plötzlich so viele Erklärungen, die mein eigenes Leben und meine Schwierigkeiten betrafen.

Es gibt nun die Zeit ›ante quem‹, in der ich mich oft fragte, warum ich mich auf dieser Welt nicht wirklich zu Hause fühlte. Und es gibt die Zeit ›post quem‹, in der ich nicht mehr nach Erklärungen suche, warum ich mir in vielen Bereichen so anders vorkam als die meisten Menschen. Warum ich so ungeduldig bin und Teamwork ablehne (ich komme allein schneller voran), warum ich bei eintönigen Beschäftigungen wie Hausarbeit vor Wut platzen könnte, warum ich mich bei vielen Gesprächen langweile und die Leute oft unterbreche, um die Angelegenheit zu beschleunigen. Warum ich bei Personen mit schrillen Stimmen und lautem oder falschem Gehabe fast schon körperlichen Schmerz empfinde. Warum ich mich so oft im Kino, im Schwimmbad und besonders bei Faschingsveranstaltungen in Grund und Boden öde (»Spaßbremse!«). Warum ich aus lauter Perfektionismus grundsätzlich an dem zweifelte, was ich tat und viele Dinge oft gar nicht erst anfing, weil sie sowieso nicht so gut werden konnten, wie ich es mir vorstellte. Warum ich mit meinen hohen Ansprüchen meine Mitmenschen oft genug überforderte (»Du bist so schrecklich hintergründig, das ist mir zu anstrengend!«). Auch, warum ich einen Hang habe zum Überorganisieren (es gibt dermaßen viele Möglichkeiten und Eventualitäten! Besser, man bleibt gleich zu Hause.). Warum ich gleichzeitig bei zwei Gesprächen zuhören kann, das ständig auch unfreiwillig tue und die Leute damit vor den Kopf stoße. Warum ich in lärmigen Veranstaltungen und bei Aufenthalten in der Stadt völlig überreizt und erschöpft bin. Hochbegabung, so erfuhr ich leider erst spät, tritt meistens auch zusammen mit hoher Sensibilität auf allen Ebenen auf.

Rückblickend verstehe ich nun besser, warum ich mich mit meinen Büchern und im Weltraum manchmal wohler fühlte als in der Wirklichkeit: in der Realität sagt man »Guten Tag, nett, Sie kennenzulernen, haben Sie schon das neue Buch von XY gelesen, also *das* ist wirklich mal interessant, besonders … ähm … neinnein, holen Sie sich ruhig was zu trinken – *Shit, wieder daneben! Vielleicht sollte ich doch mal einen Kurs in Smalltalk belegen.*« Im Weltraum sagt man einfach »hkldrst,« und jeder weiß, was gemeint ist! Ich kam mir oft vor wie ein Anthropologe, der einen Volksstamm beobachtet und versucht sich anzupassen, ohne richtig dazuzugehören. Ich kann gar nicht aufzählen, in wie vielen Situationen ich mir blöd, unfähig, hilflos, nicht kompatibel, anders, ausgegrenzt oder unverstanden vorkam. Die Reaktionen der anderen bestätigten die Außenseiter- und Beobachterrolle, und irgendwann schleicht sich das Gefühl ein, nicht normal zu sein, an irgendeinem psychischen Defekt zu leiden. Wenn dieses Gefühl dann von einem auf dem Gebiet Hochbegabung nicht genügend erfahrenen Therapeuten auch noch bestärkt und pathologisiert wird, findet man gar nicht zu sich selbst.

Nach langem Zögern und Zweifeln entschied ich mich, einen IQ-Test zu machen. Meine Bedenken, mich zu täuschen und bestenfalls durchschnittlich abzuschneiden, waren ungeheuer groß. Als sich mein Verdacht, dass da eigentlich ›mehr‹ sein müsse, dann aber bestätigte, war ich eine Weile sehr stolz und gleichzeitig sehr unsicher. Ich empfand eine große Trauer und Verzweiflung über die verpasste Chance, durch die neurotischen Verwicklungen meiner Kindheit meine Begabung nie entfaltet und ausgelebt haben zu können. Ich war durchs Leben gelaufen und wollte doch so gerne ein goldenes Ei legen, wusste aber nicht wie und wo! Immer war ich unsicher, wo meine Fähigkeiten denn nun eigentlich lagen. Bisher lagen sie vor allem brach, besonders in beruflicher Hinsicht. Mit dem Thema »Beruf« kämpfe ich chronisch, ich finde einfach keinen Arbeitgeber, der zu mir passt …

Gleichzeitig fasse ich Mut für die Zukunft: Das Potenzial ist da! Der Test und ein Gespräch mit einer Begabungsexpertin haben meine Vermutung bestätigt, dass meine größten Fähigkeiten auf sprachlichem Gebiet liegen. Und so, nach vielen Jahren der Selbstzweifel, finde ich endlich mehr Sicherheit, meinem eigenen Urteil zu vertrauen und mich auf das zu besinnen, was ich wirklich kann: nicht nur zu träumen, sondern meine Gedanken in Bilder, die Bilder in Worte, die Worte in Sätze zu fassen und eines meiner geliebten Bücher zu schreiben. Ein Buch (oder mehrere …) für Kinder, die ich für ihre Fantasie und Originalität immer noch bewundere, für meine eigenen Kinder und für das Kind, das ich hätte sein können.

Sollte Scottie eines Tages doch noch klingeln und mich mit auf die Enterprise nehmen wollen, so werde ich gerne einen Kaffee mit ihm trinken; aber ich werde nicht mitgehen, denn inzwischen fühle ich mich zum Glück recht wohl auf dem Planeten Erde und mit mir selbst.

Neben den eingangs geschilderten Selbstzweifeln finden sich in dieser Geschichte zahlreiche andere Übereinstimmungen mit Berichten vieler Hochbegabter.

Das »Alien«-Gefühl

Allem voran steht die typische Formulierung »Ich fühle mich wie von einem anderen Stern«. Jürgen vom Scheidt spricht in diesem Zusammenhang vom Alien-Gefühl. Manchmal drehen Hochbegabte den Spieß auch um, wie ein hochbegabter Junge, der nach dem Kindergartenbesuch mutmaßte: »Ich glaube, die anderen sind alle vom Mars.« Vielleicht ist dies mit ein Grund, warum viele Hochbegabte sich für Science-Fiction, Raumfahrt, andere Planeten und Astronomie interessieren. Auch findet sich bei vielen der Rückzug in eine eigene Welt, also in Bücher, Fantasien und die Gemeinschaft mit ausgedachten Gefährten, wenn

Kontakte zu anderen misslingen oder enttäuschend sind. Interessant ist in diesem Zusammenhang auch, dass geniale Persönlichkeiten und ihre Werke zuweilen mit Begriffen wie ›überirdisch‹ oder ›nicht von dieser Welt‹ bedacht werden.

Die eigene Biographie betrachten: Was fiel in meiner Kindheit auf?

Die meisten Hochbegabten fallen schon als Kinder dadurch auf, dass sie besonders aufgeweckt, lebhaft und unruhig sind, viel sprechen, detaillierte Fragen stellen und ein geringes Schlafbedürfnis haben (dies ist mehr oder minder auch im Erwachsenenalter der Fall). Manche Eltern empfinden ihre Kinder als zu energiegeladen, zu frech, zu vorlaut oder gar hochmütig und wollen den Wissensdurst ihrer Kinder bremsen. Die Verfasserin der »Scottie«-Geschichte konnte bereits vor ihrer Einschulung lesen und schreiben, dennoch lehnten die Eltern das von den Lehrern vorgeschlagene Überspringen einer Klasse ab. Nach meiner Erfahrung geht eine solche Empfehlung eher selten von Lehrern aus, und wenn, dann muss der Förderbedarf sehr offensichtlich und dringend sein.

Guter »Draht« zu kleinen Kindern

Auch der beschriebene gute Kontakt zu kleineren Kindern ist mir in mehreren Berichten Hochbegabter aufgefallen. Das gilt für hochbegabte Kinder, Jugendliche und Erwachsene gleichermaßen. »Erwachsene schätzen es oft nicht, wenn Kinder oder Jugendliche sich mit ihnen auf gleicher Ebene unterhalten – aber kleinere Kinder haben das sehr gern«, führt die Verfasserin aus. Eigentlich ist es erstaunlich, dass die angeblich so verkopften und vernunftbetonten Hochbegabten besonders gut mit kleinen Kindern zurechtkommen. Ich vermute hierfür zwei Gründe: Kleine Kinder sind oft spontaner, natürlicher und direkter als Erwachsene. Bei Letzteren gibt es zu viele soziale Regeln und – zum Teil unlogische oder gar unsinnige – Konventionen. Diese in ihrer Vielzahl zu beachten, fällt Hochbegabten mitunter schwer, weil sie zu viel darüber nachdenken und logisch vorzugehen versuchen. Zum anderen möchte ich noch mal auf das Zitat Schopenhauers verweisen: »Jedes Kind ist gewissermaßen ein Genie, und jedes Genie ist gewissermaßen ein Kind.« Hochbegabte haben mit kleinen Kindern gemeinsam, dass sie viele Fragen stellen, unvoreingenommen und leidenschaftlich neugierig sind, sich ungern an Konventionen halten und sich spontan und intensiv den Gegenständen ihres Interesses zuwenden.

Hochbegabung in der Jugend

Die Jugendzeit der ›Scottie‹-Verfasserin weist ebenfalls viele typische Merkmale auf: die Rebellion gegen bestehende Verhältnisse in Verbindung mit der Freude an kontroversen Diskussionen und kritischen Auseinandersetzungen. Einerseits wird dies von anderen durchaus als Stärke aufgefasst, andererseits stoßen Hochbegabte damit oft auf Unverständnis und Ablehnung, und man zieht sich von ihnen zurück, weil sie zu anstrengend sind. Auch Interessen wie Philosophie, Mythologie oder die hartnäckige Suche nach Wahrheiten kommen bei anderen oft nicht gut an. So erscheint Hochbegabten manchmal der Konflikt zwischen dem Wunsch, ›dabei sein‹ zu wollen und zugleich authentisch zu bleiben, fast unlösbar.

Schwankendes Selbstwertgefühl

Das schwankende Selbstwertgefühl mancher Hochbegabter scheint mir unter anderem daher zu rühren, dass sie von ihrem Umfeld, also von Eltern, Mitschülern, Lehrern und Bekannten, ganz unterschiedliche Rückmeldungen erhalten: Einerseits werden sie häufig durchaus als besonders klug und befähigt erkannt, andererseits ist genau dies auch der Grund für negative Reaktionen und Zurückweisungen. Im vorangehenden Beispiel wurde ein und dieselbe Klausur der Schreiberin mit ›Sehr gut‹ und ›Ungenügend‹ bewertet (übrigens kein Einzelfall). Zwangsläufig entsteht dadurch bei Hochbegabten Unsicherheit darüber, ob sie nun besonders klug oder besonders unfähig sind. Natürlich führen auch der bereits genannte weite Horizont und die überhohen Selbstansprüche dazu, sich dumm und unfähig zu fühlen. Das Scheitern an zu einfachen Aufgaben ist schließlich ein dritter Grund dafür, warum Hochbegabte einerseits von ihren besonderen Fähigkeiten überzeugt sind und andererseits manchmal zutiefst an sich zweifeln (»Wie kann es sein, dass ich Sokrates verstehe, aber zwei und zwei nicht zusammenzählen kann?«).

Die berufliche Identität

Das Finden einer beruflichen Identität ist bei nicht wenigen Hochbegabten ein Lebensthema. Zum einen, weil sie oft viele Begabungen besitzen und sich einfach nicht entscheiden können oder auf einen einzigen Weg festlegen wollen. Zum anderen, weil sie ihr Leistungsvermögen zu oft unterschätzen und sich an Aufgaben, die sie reizen würden, nicht herantrauen. Aber auch die Konfrontation mit der Realität der Arbeitswelt empfinden viele Hochbegabte als ernüchternd und enttäuschend. Weil sie gerne kreativ und eigenständig arbeiten, erleben sie Routineaufgaben, Sachzwänge, Hierarchien und Postengerangel als belastend und bisweilen unzumutbar. Sie stellen Autoritäten in Frage, ecken mit ihren präzisen eigenen Vorstellungen an, geben eventuell auf und suchen sich neue Herausforderungen.

Hochbegabte in Psychotherapie

Die Erfahrungen der ›Scottie‹-Verfasserin in ihrer Psychotherapie decken sich mit vielen Schilderungen anderer Hochbegabter: Auch kompetente und erfahrene Therapeuten können einen Klienten stark verunsichern, wenn seine Hochbegabung mit ihren Besonderheiten außer Acht gelassen oder gar als Störung gedeutet wird. Zu den häufigsten Interpretationen gehören eine überhöhte Leistungsfixierung, ein gestörtes Beziehungs- und Sozialverhalten oder auch Diagnosen wie ›narzisstische Störung‹, ›schizoide Störung‹, ›emotional instabile Persönlichkeitsstörung‹ oder ›Borderline-Störung‹, ›Aufmerksamkeits-Defizit-Syndrom‹ oder ›Asperger-Syndrom‹. Natürlich können auch Hochbegabte unter solchen Störungen leiden, aber ein gut informierter Therapeut wird sorgfältig zwischen Symptomen einer Hochbegabung und einer seelischen Krankheit zu unterscheiden wissen. Sehr viele Hochbegabte kommen mit der Frage nach genau dieser Unterscheidung zu mir und finden es ausgesprochen entlastend, ihre (ggf. vorhandenen) neurotischen Seiten und ihre Hochbegabungsanteile auseinanderhalten zu können. Das Beispiel der ›Scottie‹-Verfasserin zeigt, dass ein Intelligenztest hier durchaus viel Klarheit bringen kann. Den Beleg besonderer Begabung schwarz auf weiß zu haben bewirkt bei vielen ein größeres Vertrauen in die eigenen Fähigkeiten und kann eine Entscheidungshilfe beim Umsetzen eigener Begabungen sein.

Im zweiten Beispiel eines spät erkannten Hochbegabten spielen eine psychologische Diagnose und die Suche nach der beruflichen Identität eine zentrale Rolle.

»Wie ich meine Hochbegabung 30 Jahre lang verdrängte«

Der Schock: Ich bin talentiert!

Grenze Tschechoslowakei/Polen, vor knapp 15 Jahren: Mit meinem schwer bepackten Fahrrad bin ich bereits vier Wochen unterwegs. Nach 1200 Kilometern in den Beinen bin ich dabei, ein völlig neues Land zu betreten. Ich bilde mir ein, mit einem kleinen Sprachführer bewaffnet, dieses Land erobern zu können, es radelnd zu durchqueren und mir eine völlig neue Sprache im Schnellzugstempo aneignen zu können. Ein Zurück gibt es nicht. »Es« treibt mich an, sagt mir, dass dies mein Weg ist, mein einziger. Solche Gedanken rasen durch meinen Kopf, während ich langsam auf die Grenzbeamten zufahre. Sie kontrollieren ausgiebig meine Papiere, prüfen meinen Pass – und lassen mich passieren. Gut, dass sie nicht wissen, welche Selbstzweifel mich plagen. Werden sie mich mögen in diesem Land, den Mann aus dem Westen?

Sie werden. Als ich auf dem ersten Zeltplatz ankomme, falle ich sofort auf. Ein Camper schlägt mir vor, dass ich mein Zelt neben seinem Campingwagen aufstelle. Kurz darauf sitze ich schon mit seinen Kollegen im Wagen bei einer wärmenden Tasse Tee. Ich frage mich, wer wohl mehr erstaunt ist: sie, dass ich polnisch spreche, oder ich, dass sie verstehen, was ich da radebreche. Ich werde herzlich in die Runde aufgenommen, in mein Notizbuch gesellt sich weiteres Polnisch-Vokabular – einige der deftigsten Flüche, wie sich später herausstellen sollte. Aber ich glaube, mir war niemand böse, wenn ich sie mal im falschen Moment benutzte.

Die Reise ging weiter, und meine Sprachkenntnisse wurden rasch besser. Ich lernte eine völlig neue Welt – und mich von einer völlig neuen Seite kennen. Ich spürte, da passiert etwas in mir, da bricht etwas hervor, das ich bisher nicht wahrgenommen hatte. Nach vier Wochen beherrschte ich die neue Sprache fast fließend und war absolut baff. Ich erkannte plötzlich mein Sprachtalent, das kein Lehrer, geschweige denn jemand anders in meinem Leben, festgestellt hatte. Meine besten Zensuren hatte ich in den exakten Naturwissenschaften. Etwas Ungeheuerliches war passiert. Also musste ich mich entscheiden, ob ich mein naturwissenschaftliches Studium nach vier Semestern abbrechen und ein Slawistikstudium beginnen sollte, oder ob ich wie geplant meiner Studienrichtung treu bleibe. Ich entschied mich für beides. Ich schob ein Zwischenjahr ein, studierte ein Jahr in Krakau. Nach drei Monaten las ich wissenschaftliche Texte, nach sechs Monaten verfasste ich eine wissenschaftliche Arbeit. Meine Diplomarbeit zwei Jahre später schrieb ich über einen polnischen Nationalpark.

Nun fasste ich einen Grundsatz: Von jedem Land, das ich in Zukunft besuchte, wollte ich die Sprache zumindest in den Grundzügen kennen. So lernte ich vor meiner Russlandreise in drei Monaten fließend Russisch. So gut, dass ich mich bei den touristischen Sehenswürdigkeiten jeweils nicht an den Kassen für Ausländer anstellte (dort kostete das Ticket ein Mehrfaches des Normalpreises), sondern an den Kassen für die Russen. Es funktionierte immer. Als ich zwei Jahre später nach Georgien fuhr, brachte ich mir im Selbststudium Georgisch bei – inklusive der für mich komplett neuen Schriftzeichen.

Damals dachte ich nicht im Traum daran, dass meine Sprachtalente etwas mit Hochbegabung zu tun haben könnten. Aber ich wunderte mich ein wenig darüber, dass jemand wie ich, dem in der Kindheit eine POS-Diagnose gestellt wurde, sich fast mühelos neue Sprachen aneignen und sich mit Menschen unterschiedlichster Kulturen verständigen konnte.

Wie die POS-Diagnose zu mir kam

POS bedeutet »Frühkindliches psychoorganisches Syndrom« und ist gleichzusetzen mit der Diagnose ADHS (Aufmerksamkeits-Defizit-Syndrom) oder Hyperaktivität. Bei Menschen mit ADHS sind die Konzentration, die Aufmerksamkeit und die Gedächtnisbildung gestört. Viele gelten als motorisch überaktiv, unruhig und zappelig, verhalten sich im sozialen Kontakt aggressiv und impulsiv, haben daher wenig Freunde und sind oft Außenseiter. Meist wirken sie überempfindlich und leiden unter starken Stimmungsschwankungen.

Mit dreizehn Jahren erfuhr ich also, dass ich an ADHS litt. Ich nahm die Diagnose in mich auf, identifizierte mich mit ihr und akzeptierte sie wohl oder übel während der nächsten 20 Jahre.

Mein Vater war manisch-depressiv, und als mein Bruder und ich in die Pubertät kamen, fühlte er sich von der familiären Situation überfordert. Wir suchten eine Familienberatung auf, bei der die ganze Familie an Gesprächen teilnehmen sollte. Bereits bei der ersten Sitzung lief ich davon und sagte meiner Mutter später, dass ich bei einem »solchen Quatsch« nicht mitmache.

Nach ein paar Sitzungen brachen meine Eltern die Beratung ab, zu Hause blieb alles beim Alten. Der Psychiater, der bei meinem Vater die manisch-depressive Erkrankung diagnostiziert hatte, sagte, man könne ihm nicht mehr helfen, er müsse sich damit abfinden. Ich habe meinen Vater in meiner Kindheit, aber auch in meinem späteren Leben, seelisch nie wahrgenommen. Er war zwar physisch anwesend, aber ich kann mich nicht erinnern, auch nur ein einziges tiefer gehendes Gespräch mit ihm gehabt zu haben. Er wirkte immer desinteressiert, angestrengt, angespannt und überlastet.

Einige Wochen später wandte ich mich mit einem folgenschweren Satz an meine Mutter, weil ich es mit meinem Vater einfach nicht mehr aushielt: »Wenn ich nicht von hier wegkomme, bringe ich mich um.«

Daraufhin wurde ich an eine Oberärztin am regionalen Kinderspital überwiesen. Sie befragte mich speziell zu der Situation zu Hause und meinem Wunsch, von dort wegzukommen. Anschließend stellte sie die Diagnose ADHS. Ich war nun in dieser Schublade versorgt und sollte viele Jahre dort bleiben. Meine Mutter erklärte mir damals, im Hinblick auf die Schule hätte ich kein ADHS, da meine Schulleistungen und Konzentrationsfähigkeit sehr gut waren; die Störung würde sich nur auf mein Sozialverhalten zu Hause beziehen. Aus heutiger Sicht ist das kaum nachvollziehbar: Wie soll jemand mit einer Konzentrations- und Gedächtnisstörung sehr gute schulische Leistungen erbringen? Wie kann jemand, der angeblich dissoziales Verhalten zeigt, im sozialen Kontakt mit seinen Mitschülern unauffällig sein? Unauffällig heißt: ich war ruhig, zurückhaltend und meist eher ein Einzelgänger. Und, so fragte ich mich später in Polen und Russland, wie kann jemand mit ADHS innerhalb weniger Monate Fremdsprachen lernen und sich auf Menschen verschiedener Kulturen einstellen?

Meine Mutter wurde damals gefragt, ob ich an einer Studie teilnehmen könnte, welche die Entwicklung von ADHS-Kindern untersuchte. Ich traf mich daraufhin mit einer Medizinstudentin, die ihre Abschlussarbeit zu diesem Thema schrieb. Sie zeigte sich äußerst erstaunt über meine sozialen Kompetenzen, die so überhaupt nicht ins Schema eines ADHS-Kindes passten. Ich habe die Situation noch genau vor Augen; nicht wegen der Untersuchungen, sondern wegen der Studentin. Ich fühlte mich geistig absolut auf der gleichen Ebene mit ihr und hätte mich gerne zum Kaffee mit ihr verabredet. Die Umstände ließen mich aber von meinem Vorhaben abkommen, schließlich war ich ja das Problemkind und sie eine Medizinstudentin.

Mental auf derselben Ebene mit jemandem, der über fünf Jahre älter ist? Das war wohl schwer möglich, denn eigentlich galt ich ja als ›sozialer Spätzünder‹. Heute weiß ich, dass hochbegabte Kinder sich meist sehr gut mit Älteren verstehen, mit Gleichaltrigen aber oft Schwierigkeiten haben und deshalb dann als sozial unreif eingestuft werden.

Der erste Hinweis auf eine Hochbegabung ergab sich bereits im Alter von fünf Jahren. Bei einer Untersuchung im Kindergarten wurde bei mir ein sehr hoher IQ festgestellt. Die Möglichkeit, ein Kindergartenjahr zu überspringen, kam ins Gespräch, wurde jedoch von meiner Mutter verworfen. Die Kindergärtnerin hatte dies angeraten, damit ich meine Kreativität noch ein weiteres Jahr im Kindergarten ausleben könne. Kreativ war ich in der Tat. Zu Hause konnten mein jüngerer Bruder und ich fast jeglichen Gegenstand zum Spiel zweckentfremden. Beliebt waren insbesondere Verkleidungen und Theater spielen. Offenbar konnte ich dabei meinen Vater in Wort und Gesten fast perfekt imitieren; dies mache ich übrigens heute auch noch gerne bei Personen, die ich nicht besonders mag. Auch war ich in der Kindergartenzeit sehr erfinderisch darin, meine Stimmungen auszudrücken. Ich malte jeden Tag eine Krone, die ich dann Lieder singend auf dem Kopf nach Hause trug. War ich in guter Stimmung, war sie in fröhlichen, hellen Farben angemalt. War sie in dunklen Farben gehalten, dann ging's mir schlechter. Einmal brachte ich eine Krone heim, die nur in Dunkelbraun und Schwarz bemalt war; am nächsten Tag erkrankte ich an den Wilden Blattern, einer Kinderkrankheit.

Nach der Kindergartenzeit war das Thema Hochbegabung für viele Jahre erledigt, mindestens deshalb, weil dann die ADHS-Diagnose ins Spiel kam.

Mit vierzehn kam ich in ein Internat, über 200 km von zu Hause weg. Ich blieb ein Einzelgänger, hatte kaum Freunde (von einer Freundin gar nicht zu sprechen), habe mich mit diesem Zustand aber abgefunden. Ich lebte auf bei Radtouren oder Wanderungen in der Natur, beim Lesen von Büchern, vorzugsweise historischen oder politischen Inhalts, oder bei der Arbeit am Computer.

Mein Abitur schloss ich als Klassenbester ab und als Zweitbester der ganzen Schule; ich erhielt sogar einen Preis dafür. Das war für mich persönlich nichts Besonderes: Ich wusste ja, dass ich gut in der Schule war, und diejenigen, die noch besser waren als ich, gingen offenbar nicht in diese Schule.

Ich schrieb mich für ein Studium der Umweltnaturwissenschaften ein. An das erste Studienjahr kann ich mich praktisch nicht mehr erinnern. Die Zwischenprüfung am Jahresende bestand ich mehr schlecht als recht und war im Begriff, in eine Sinn- und Lebenskrise hineinzuschlittern. Ich fühlte mich einsam, ich verstand nicht, warum mir das Lernen plötzlich so viel Mühe machte, ich war nicht sicher, ob ich das richtige Fach gewählt hatte und was ich mit meinem Studium später anfangen sollte. Vielleicht waren es der Lärm und die Rastlosigkeit der neuen Stadt, die Massen an Studierenden, die Anonymität einer großen Universität …

Mit 21 begann ich eine Psychotherapie, die mit Unterbrechungen fünf Jahre dauerte. Zur Therapeutin hatte ich mit der Zeit ein so persönliches Verhältnis, dass wir nicht mehr genügend Abstand zueinander hatten und sie zu stark mit mir mitfühlte. Im Nachhinein frage ich mich, ob dies wohl auch mit meiner Hochbegabung zu tun hatte. Trotzdem hat mir die Therapie sehr geholfen – obwohl auch hier das Thema einer möglichen Hochbegabung nie angerührt wurde.

Mein Studium beendete ich mit ausreichend guten Zensuren. Inzwischen war ich 27. Es begann eine Ära der rastlosen Jobsuche, von befristeten Tätigkeiten und Teilzeitanstellungen, unterbrochen von Zeiten der Erwerbslosigkeit. Im Grunde dauert diese Ära bis heute an.

»Sie gehören zu den 2 % Hochbegabten der Bevölkerung«

Die Erleuchtung kam vor gut einem Jahr. Ich saß an einem stillen Samstagmorgen im Spätwinter in einem Prüfungssaal der örtlichen Handelsschule. Mit sechs weiteren ›Schatzsuchern‹ wagte ich mich an den Eintrittstest von ›Mensa‹, einer Organisation von erwachsenen Hochbegabten. Es war für mich, wie wenn ich mich dem Schicksal auslieferte, mein Hirn weit öffnete und mein Wissen einfach strömen ließ. Sollten die entscheiden, ob es brauchbar war. Die Prüfung erschien mir zu Beginn fast lächerlich leicht, der Schwierigkeitsgrad steigerte sich aber immer mehr, und gegen Ende fehlte mir schlicht die Zeit. Ich glaubte, die Chancen, dass ich bestehen würde, seien gleich null. Dieselbe Befürchtung sah ich auf den Gesichtern meiner Mitbewerber. Einige Wochen später war die Überraschung total: Ich erhielt einen Brief von ›Mensa‹, sie beglückwünschten mich zur bestandenen Prüfung und luden mich zum Beitritt ein! Ich war völlig perplex, es war unglaublich, ich gehörte nun schwarz auf weiß zu den 2% der Bevölkerung, die einen IQ von 130 oder höher besitzen! Es war die erste Prüfung in meinem Leben, die ich bestanden habe, ohne auch nur ein bisschen dafür gelernt zu haben; das konnte doch nicht sein!

Nach dem ersten Höhenflug kamen mir Zweifel. Ich fühlte mich allein auf weiter Flur mit diesem Ergebnis. Ich hörte sie wohl, die Botschaft, allein: mir fehlte der Glaube daran. Und ich hatte keinerlei Vorstellung, welche Konsequenzen dies für mein Leben haben könnte. Ich trat umgehend ›Mensa‹ bei, besuchte deren Internetforum und lernte andere Hochbegabte kennen. Das Erstaunliche: Wir hatten sofort eine gemeinsame Wellenlänge, unabhängig von Alter, Geschlecht oder beruflicher Situation. Dies machte mir Mut und gab mir Kraft. Es beruhigte mich auch, dass weder die eigene Hochbegabung, geschweige denn der eigene IQ in den Gesprächen erwähnt wurden. Es war und ist für mich immer noch ein Geheimnis, das ich nur engsten Freunden preisgebe. Zu groß sind die Bedenken, als Angeber und Klugscheißer betrachtet zu werden.

Ein halbes Jahr nach dem Test entdeckte ich in einer Tageszeitung einen IQ-Test. Wieder zweifelte ich: Bin ich wirklich hochbegabt? Was, wenn ich jetzt in diesem Test schlechter abschneide? Es ist doch nur eine Zahl?! Ich machte den Test und schloss ihn mit dem maximalen IQ-Wert von 145 ab. Höchst erstaunlich war, dass ich für den Test nur gut die Hälfte der veranschlagten Zeit benötigte. Allmählich konnte selbst ich nicht mehr abstreiten, dass da »etwas« in mir sein musste. Ich war nun hoch aufmerksam für jegliche Ratgeberliteratur und tat das, wogegen ich mich bisher immer gesträubt hatte: Ich kaufte ein

Buch zum Thema und sog es richtiggehend in mich auf. Stellenweise las ich es wie meine eigene Biografie. Wie konnte eine Autorin, die mich noch nie zuvor gesehen oder etwas über mich gehört hatte, mich so treffend beschreiben?

Weil ich eben doch hochbegabt bin, ich war mir jetzt sicher. Die Erkenntnis schlug in mir ein wie ein Blitz. Es war, wie wenn ich in einem schummrig beleuchteten Raum stehe und plötzlich gehen hunderte gleißender Lichter an. 30 Jahre hatte ich »es« wie eine Last mit mir herumgetragen, ohne zu wissen, was es ist. 30 Jahre hatte ich mit der Diagnose ADHS gelebt und dem ständigen Gefühl, das ist doch noch nicht alles, da muss noch »etwas« sein. Dutzende von Puzzlesteinen aus meinem bisherigen Leben begannen sich plötzlich vor meinen Augen zusammenzufügen. Mir unerklärliche Verhaltensweisen fanden eine simple Erklärung. Warum ich immer wieder so hoch sensibel auf das Verhalten anderer reagierte, warum ich urplötzlich so verletzt sein konnte, warum ich mich immer wieder so forderte und herausforderte im Leben: Es war, wie wenn ich auf einmal bis auf den tiefen Grund eines stillen, klaren Wassers blickte, das ein Leben lang trüb gewesen war.

Die eigentliche Herausforderung in meinem Leben, die ich noch zu meistern hatte, begann sich nach und nach abzuzeichnen: endlich meinen beruflichen Weg zu finden, meine Berufung zu leben.

Auf der Suche nach meiner beruflichen Identität

Ich fürchte, ich bin auf so vielen unterschiedlichen Gebieten begabt, dass ich nicht sehe, welcher Weg vor mir liegt bzw. welchen ich wählen soll. So als ob ich in einem dichten Urwald stehe, ein hoch entwickeltes Navigationssystem in mir trage und mich doch nicht orientieren kann. Entsprechend meiner verschiedenen Befähigungen war und bin ich beruflich auch in diversen Branchen tätig. Nur eine Auswahl davon: Umweltberater, PR-Assistent und -Verantwortlicher, Marketingverantwortlicher, Sprachlehrer, Dolmetscher, Übersetzer, Bibliothekar, Reiseleiter, Marktforscher, Journalist, Netscout, Gärtner, Familienvater und Hausmann.

Die meisten Tätigkeiten waren befristete oder Teilzeitanstellungen. Mehrjährige Berufserfahrungen im gleichen Betrieb habe ich nie sammeln können. Seit ich mein ETH-Studium abgeschlossen habe, sind fast zehn Jahre vergangen. Im Verlauf dieser Jahre rückte die Ausbildung natürlich immer weiter weg, die fehlende Berufspraxis tat das Ihre. Ich habe einfach noch nicht herausgefunden, was ich am besten kann, und bin immer noch auf der Suche nach dem richtigen Beruf. In letzter Konsequenz leben wir als Familie deshalb, so habe ich mir sagen lassen, unterhalb des Existenzminimums.

Ich schäme mich nicht in meiner Situation, im Gegensatz zu meiner Frau. In ihren Augen sollte der Mann der Ernährer der Familie sein. Ich fühle mich von meiner Frau nicht anerkannt und respektiert, weil ich es beruflich noch nicht auf einen grünen Zweig gebracht habe. Dies führt zu großen Spannungen und schier endlosen Diskussionen. Noch sind unsere Kinder klein, aber ich mache mir Sorgen, wenn die Zeiten kommen, wo die Ausgaben größer werden. Es ist ein schwacher Trost für mich, dass ›Genialität‹ und Armut sich nicht ausschließen. Ich frage mich, woher ich immer wieder die Kraft nehme, um mich in meiner Lage zurechtzufinden. Die Antwort ist wohl: Aus genau dieser Hochbegabung, die mich ein Leben lang begleitet hat, ohne dass ich davon wusste. Nach vielen betrübten Stunden in der Vergangenheit bin ich heute zuversichtlicher, dass mir auch mit 37 noch genug Zeit bleibt, um meine Hochbegabung zu akzeptieren und zu leben. So hoffe ich wenigstens.

Hochbegabte sind beides: unsicher und mutig

Zunächst fällt auf, dass hier ausgeprägten Selbstzweifeln und Ängsten eine große Abenteuerlust gegenübersteht, die sich besondere Herausforderungen sucht, in welchen sich der Verfasser bewähren möchte. Seine sprachlichen Talente entdeckt er dabei fast zufällig. Schnell lässt er sich dadurch, wie viele Hochbegabte, von seinem eigentlichen Tätigkeitsschwerpunkt ablenken, strebt eine neue Laufbahn an, entscheidet sich für mehrere Berufsrichtungen gleichzeitig und verirrt sich schließlich in der Fülle der Möglichkeiten, bis er fast handlungsunfähig wird.

Nur zu gern scheinen Psychiater und Psychologen gängige Diagnosen zu bemühen, wenn ihnen eine Person begegnet, die nicht in die Norm passt. Aber auch die Hochbegabten selbst nehmen diese Diagnosen fast dankbar an, um wenigstens eine Erklärung für ihr Besonderssein zu haben. Alle Auffälligkeiten werden dann dem jeweiligen Störungsbild zugeschrieben. Im Falle des Verfassers hatte dies Auswirkungen, die über Jahrzehnte andauerten und das Erkennen seiner Begabungen verhinderten. Auch Hochbegabte können unter einer Aufmerksamkeitsstörung leiden, aber hier wurde einzig aufgrund pubertären Verhaltens eine ADHS-Diagnose gestellt, was aus heutiger Sicht völlig unzureichend und unzulässig erscheint. Zumindest hätte hier überdacht werden müssen, ob es sich nicht um einen besonders intelligenten ADHS-Patienten handelt, der trotz seiner Störung immerhin das beste Abitur seiner Klasse und das zweitbeste seines Jahrgangs ablegte.

Zweifelhafte Diagnosen

Hochbegabung ist mit einer Entwicklungsbeschleunigung gleichzusetzen. Dies bedeutet, dass soziale Kompetenzen sich unter Gleichaltrigen mitunter schwer entfalten können, wohl aber im Kontakt mit Älteren oder Gleichbegabten. Bestehen hierzu keine Möglichkeiten, wird den Betreffenden fälschlicherweise soziale Unreife attestiert, was die Selbstsicherheit im Umgang mit anderen im Sinne eines Teufelskreises weiter beeinträchtigt. Wenn ich in der Test- oder Therapiesituation bemerke, dass ich mich mit einem hochbegabten Jugendlichen auf gleicher Ebene unterhalten kann, ist dies ein fast sicheres Anzeichen dafür, dass er es eher schwer hat, sich mit Gleichaltrigen zu verständigen.

Soziale Kompetenz

Die Zweifel am Ergebnis eines Intelligenztests gehören bei Hochbegabten fast immer dazu. Wenn man der Sache irgendwann endlich traut, kann eine Hochbegabungsdiagnose durchaus auch im Erwachsenenalter noch identitätsstiftend wirken. Manche erleben dann erstmals ein Gefühl der Zugehörigkeit – wenn auch zu einer Minderheit – und empfinden den Austausch mit Gleichgesinnten als enorm stabilisierend; dasselbe gilt natürlich auch für das Erkennen der eigenen Fähigkeiten und Besonderheiten.

Zweifel an den Testergebnissen

In vielen Fällen wird bei Erwachsenen dieser Erkenntnisprozess durch die eigenen Kinder angestoßen.

2. Hochbegabte Kinder wecken ihre Eltern

Bei der Mehrzahl hochbegabter Kinder verschwinden vorhandene Probleme, wenn ihre Unterforderung durch das Überspringen einer Klasse oder andere zusätzliche Förderung abgebaut wird. Meist gehen dann auch Schwierigkeiten im familiären Umfeld zurück und es ist keine weitere Ursachenforschung notwendig. Manche Familien durchleben jedoch einen langen Leidensweg mit ihrem hochbegabten Kind und stellen fest, dass alle Fördermaßnahmen und Hilfsversuche keine nennenswerten Erfolge bringen. In diesen Fällen macht es ausnahmsweise Sinn, behutsam zu prüfen, ob die Wurzel der Probleme nicht doch auf ein tiefer liegendes Problem im Elternhaus zurückzuführen ist: Auf das Nächstliegende, nämlich dass ein hochbegabtes Kind meist mindestens ein hochbegabtes Elternteil hat, kommt man seltsamerweise oft nicht. Eine Hochbegabung zieht man für sich selbst gewöhnlich zuallerletzt in Betracht. Eltern reagieren häufig zunächst empört, erschreckt, ablehnend oder verunsichert, wenn man sie auf eine mögliche eigene Hochbegabung anspricht. Mütter antworten auf diese Frage zumeist sinngemäß: »Ich selbst bin ganz sicher nicht betroffen, aber mein Mann/Bruder/Vater könnte es sein.« Und selbst wenn ein Elternteil von seiner Hochbegabung weiß oder alles darauf hindeutet, messen sie diesem Umstand gewöhnlich keine größere Bedeutung bei – obgleich sie es bei ihrem Kind durchaus wichtig und beachtenswert finden.

Mein Kind ist hochbegabt – und ich?

Die hoch sensiblen hochbegabten Kinder spüren jedoch intuitiv und unbewusst, wenn ihre Eltern ähnliche Begabungen und ggf. Probleme damit haben wie sie selbst. Oft drücken sie dies indirekt dadurch aus, dass sie ihre Eltern durch eine Verweigerungshaltung dazu auffordern, sich auch mit ihren eigenen Schwierigkeiten auseinanderzusetzen. Und schließlich sind Eltern zu Beginn die wichtigsten Bezugspersonen ihrer Kinder und haben Vorbildfunktion; die Kinder gucken sich bewusst und unbewusst Verhaltensweisen ihrer Eltern ab. Ist zum Beispiel die Mutter hochbegabt, zweifelt aber an sich, verdrängt ihre Begabungen und findet nicht den Mut, sie umzusetzen, verhält sich

Ich unterdrücke meine Begabungen – mein Kind soll sie ausleben das Kind in ganz ähnlicher Weise. Ich habe immer wieder die verblüffende Erfahrung gemacht, dass hochbegabte Kinder, die lange Zeit blockiert waren, ›loslaufen‹, wenn auch ihre Eltern dies tun. Die folgende Geschichte beschreibt dies sehr eindrucksvoll.

»Mein hochbegabter Sohn und ich«

Alles begann damit, dass unser neunjähriger Sohn Marius in der Schule zunehmend Probleme hatte: Er verweigerte sich bei den Hausaufgaben, schrieb Arbeiten, die seinem Wissensstand überhaupt nicht entsprachen, und wollte manchmal nicht zur Schule gehen. Deshalb stellten wir ihn einer Psychologin vor, die unter anderem einen Intelligenztest mit ihm durchführte. Nach dem Test war unser Jüngster aufgeräumt und glücklich. »Endlich mal Aufgaben die Spaß machen!«, sagte er nach der Untersuchung. Einige Tage später erhielten wir das Ergebnis: Unser Sohn ist hochbegabt und in der Schule unterfordert. Wir fielen aus allen Wolken. Tausend Fragen taten sich auf: Wieso war er hochbegabt? Was bedeutete das? Und was war jetzt zu tun? Die Diagnose ist das eine, die Umsetzung und der Umgang damit das andere. Wir sprachen mit der Klassenlehrerin und erhofften uns Hilfe und Beistand. Allerdings zeichneten sich die LehrerInnen der Grundschule, an der unser Sohn war, durch besonders große Hilflosigkeit aus. Die Kenntnisse über Hochbegabung, welche ich mir dann aneignete, konnte ich den Lehrern zwar mitteilen, aber es sprang der sogenannte Funke nicht über. Für die LehrerInnen blieb unser Sohn ein Rätsel; er sollte sich, Hochbegabung hin oder her, gefälligst in die normale Maschinerie des Schulalltages einfügen. So änderte sich an Schulproblemen unseres Sohnes wenig. Die kurze Euphorie durch die Feststellung der Hochbegabung war schnell verflogen. Auch der Versuch, unseren Sohn eine Klasse überspringen zu lassen, brachte keinen Erfolg. Psychisch nicht stabil genug und unter enormem Erfolgsdruck, als Hochbegabter alles gleich können und wissen zu müssen, bat unser Sohn schnell wieder um Rückführung in seine alte Klasse. Mit mäßig gutem Zeugnis kam er schließlich in die fünfte Klasse, und keiner sollte wissen, was mit ihm los war. Unser Sohn selbst bestand darauf, keinen der zukünftigen Lehrer zu informieren. Er wolle keine Extrawurst gebraten bekommen, und eigentlich war sein größter Wunsch, genau so normal wie alle anderen Kinder zu sein. Nachdem sich die erste Begeisterung für die neue Schule, die neuen Aufgaben, die neuen Klassenkameraden und den neuen Unterrichtsstoff gelegt hatte, fing das Drama ganz allmählich wieder an. Unser Sohn wollte keine Hausaufgaben mehr machen, fühlte sich immer unglücklicher und unsicherer und weigerte sich irgendwann standhaft, überhaupt zur Schule zu gehen. Wir versuchten alles, aber es half nichts: Verhandlungen mit Lehrern, Schulämtern, Jugendamt, Kinderpsychiatern, Ärzten, Pädagogen, Internaten – Marius wehrte sich mit Händen und Füßen gegen jede Hilfsmaßnahme, verbarrikadierte sich weinend in seinem Zimmer, ließ außer mir niemanden an sich heran. Ich kam allmählich an meine Grenzen, war verzweifelt und fühlte mich dauernd schuldig: Schuld an einer schlechten Erziehung, Schuld, keine adäquate Hilfe gefunden zu haben, Schuld, kein normales Familienleben bieten zu können, Schuld an allem! In den Gesprächen mit Schulpsychologen, Ärzten oder Schulleitern war meistens ich diejenige, die die Ursachen für die Probleme meines Sohnes erklärte, analysierte und Lösungsvorschläge machte. Die Fachleute selbst lauschten interessiert meinen Erklärungen, schienen aber selbst hilf- und ratlos zu sein. Dass sie mich offenbar als ebenbürtige Gesprächspartnerin akzeptierten oder sie sich mir in der Argumentation manchmal sogar unterlegen fühlten, war mir gar nicht bewusst. Ich will das Martyrium in dieser Zeit nicht genauer beschreiben, aber es dauerte insgesamt fast zweieinhalb Jahre, bis Marius wieder zur Schule ging.

Ein Jahr zuvor suchten wir die Psychologin auf, die unseren Sohn getestet hatte, und sie erklärte sich bereit, ihn zu behandeln. Sie war die Einzige, mit der unser Sohn sich auf Gespräche einließ. Die Therapie verlief mit vielen Höhen und Tiefen, Fort- und Rückschritten. Unser Sohn erhielt sporadischen Unterricht von einem Hauslehrer, an einen Schulbesuch war weiterhin nicht zu denken. Als die Psychologin unserem Sohn vorschlug, mit ihr an einem Drehbuchprojekt über einen hochbegabten Jungen zu arbeiten, war er zuerst Feuer und Flamme, blühte auf und hatte viele gute Ideen. Doch zu unser aller Überraschung weigerte sich Marius ganz plötzlich, weiter an den Sitzungen teilzunehmen, ohne dafür Gründe zu nennen. Wir waren wieder so weit wie vorher, wieder saß uns das Schulamt im Nacken, wieder rückte eine Psychiatrie-Einweisung unseres Sohnes bedrohlich nahe, wieder wussten wir nicht weiter. Die behandelnde Psychologin kam zu dem Schluss, dass es nicht nur schulische Probleme sein konnten, die Marius so stark blockierten, sondern dass es etwas Tieferliegendes sein musste. »Da wir nichts mehr zu verlieren haben«, sagte sie am Telefon, »könnten wir versuchen, einen anderen Weg einzuschlagen. Ich habe mit der Zeit den Eindruck gewonnen, dass Sie selbst auch hochbegabt sind. Vielleicht hat Marius' Blockade etwas damit zu tun.« Mir wäre fast der Hörer aus der Hand gefallen. Selten bin ich sprachlos, aber in diesem Moment war ich es. Wie kam sie zu dieser abwegigen Vermutung? Wie konnte sie einfach so etwas behaupten? Ich war erschrocken, unsicher und aufgebracht.

Wir vereinbarten einige Termine, um den Verdacht der Psychologin genauer abzuklären. Sie stellte mir viele Fragen über meinen Werdegang, meine Zukunftspläne, meine Interessen. Dabei stellte sich schnell heraus, dass ich schon immer tausend berufliche Ideen und Wünsche hatte, ganze Ordner voll mit Konzepten standen bei mir zu Hause, aber ich hatte nie den Mut gehabt, wirklich etwas anzugehen. Und schließlich war ich ja mit unseren familiären Problemen vollkommen beschäftigt, ich kümmerte mich seit Jahren um Marius' Schwierigkeiten, war jeden Tag für ihn da.

»Sie sind Marius' engste Bezugsperson«, sagte die Psychologin, »Sie setzen Ihre eigenen Fähigkeiten und Begabungen seit Jahren nicht in die Tat um. Was wäre, wenn Marius genau das auch nicht kann, weil seine Mutter es ihm nicht vorlebt, ihm nicht vormacht, wie es geht?« Bevor ich darüber nachdenken konnte, schossen mir Tränen in die Augen, und ich musste heftig weinen. »Wenn das der Schlüssel ist«, hörte ich mich heulend sagen, »dann kriegen wir es jetzt hin.« Erst nach und nach wurde mir klar, wie die Zusammenhänge waren. Aber ich konnte trotzdem nicht glauben, dass ich selbst hochbegabt bin. Die Psychologin und ich machten einen Termin für einen Intelligenztest aus. Ich wollte es jetzt unbedingt wissen. Aber ich hatte auch große Angst. Angst, der Vermutung nicht gerecht zu werden. Angst, es wirklich zu sein. Angst, dass der Test nicht richtig durchgeführt wird und ich dann als hochbegabt gelte, obwohl ich es gar nicht bin! Nach dem Test hatte ich es schwarz auf weiß: ich bin hochbegabt. Den Grad meiner Intelligenz teilen noch zwei bis drei Prozent der Bevölkerung. Es war ein merkwürdiges Gefühl, plötzlich mit so einer Erkenntnis konfrontiert zu sein. Surreal, entsetzlich, fantastisch, unglaublich … es gibt gar nicht genug Adjektive, die beschreiben, was man empfindet, wenn einem mit 46 Jahren gesagt wird, man sei hochbegabt. In der Zeit danach ging ich durch die Straßen und flüsterte mir selbst zu: »Du bist hochbegabt … wo denn? Wie denn? Ob jemand was merkt? Wieso jetzt? Was soll ich noch damit? Bringt mir das was?« Die Gedankenmühle in meinem Kopf stand nicht mehr still: Warum ist es nie jemandem aufgefallen? Warum wussten meine Eltern nichts, warum hat keiner meiner Lehrer damals etwas wahrgenommen? Und immer wieder Zweifel: Stimmt das wirklich? Hat die Psychologin sich nicht getäuscht? Ist der Test überhaupt zuverlässig?

Auf einmal konnte ich Marius viel besser verstehen. Seine Angst, sich beweisen zu müssen, eine Aufgabe in Angriff zu nehmen, Fehler zu machen, sich zu blamieren. Genau diese Ängste hatte ich auch schon immer gehabt, aber ich habe sie kaum noch gespürt, weil ich mich ja dauernd auf die Probleme meines Sohnes, aber auch auf die von anderen konzentriert habe. Es war mir während meiner Therapie zuerst fast unmöglich, mich mit mir selbst und meinen eigenen Bedürfnissen zu beschäftigen. Ich musste mühsam lernen, meine Gefühle zu erkennen, meine Interessen wahrzunehmen und zu vertreten. »Wenn Sie es nicht für sich selbst tun können, tun Sie es für Ihren Sohn«, riet meine Psychologin, »Sie tun ihm den größten Gefallen, wenn er zusehen kann, wie Sie Ihre eigenen Probleme und Ängste überwinden; wenn er merkt, dass Sie sich etwas zutrauen, etwas wagen und für Ihr Glück sorgen. Und wenn er, ohne sich um Ihr Wohlergehen Sorgen machen zu müssen, seinen eigenen Weg gehen kann.«

Uns kam es fast vor wie ein Wunder, als Marius kurze Zeit später tatsächlich bereit war, wieder zur Schule zu gehen. Die Lehrer dieser Schule sind auf hochbegabte Kinder, die wie Marius durchs Netz gefallen sind, spezialisiert. Es war bis zum letzten Moment eine Zitterpartie, ob er wirklich hingehen würde, und ich weiß nicht, wer mehr Angst hatte – mein Sohn oder ich selbst. Bis heute klappt es.

Somit fing für mich ein neuer Lebensabschnitt an. Mein Sohn trat mit seiner Problematik in den Hintergrund, und ich versuchte, mich selbst mehr in den Vordergrund zu stellen. Das hört sich so einfach an, aber wenn man es nicht gewohnt ist, ist das ganz schön schwierig. Über viele Jahre hatte ich mich nur um meine beiden Söhne gekümmert; zuerst um den älteren, der wegen ADS (Aufmerksamkeits-Defizit-Syndrom) viele schulische Schwierigkeiten hatte, und gleich danach fingen Marius' Probleme an. All das strengte mich ungeheuer an, und ich wünschte mich mehr als ein Mal weit weg. Dazu kam, dass ich mich von meinem Mann viel zu wenig unterstützt fühlte. Geäußert habe ich dies ihm gegenüber schon, aber ich konnte meine Wünsche nicht vehement genug vertreten. Letztlich kam es mir wohl selbstverständlich vor, mich immer um alles allein zu kümmern, das kannte ich seit meiner Kindheit. Ich war für die Familie da, ich spürte immer sofort, wenn es jemandem nicht gut ging, ich war nicht ich, ich war sozial verträglich, angepasst und voller Fragen, aber die versuchte ich mir immer selbst zu beantworten.

Ich krempelte also mein ganzes Leben um: Ich setzte mich intensiv mit meinem Mann auseinander, begann Mal- und Zeichenunterricht zu nehmen und versuchte eine berufliche Neuorientierung.

Durch meine Hochbegabung hatte ich nun Erklärungen für viele Dinge, Begebenheiten und ›Marotten‹. Warum fallen mir oft die einfachsten Lösungen nicht ein? Warum mache ich mir über so viele Dinge Gedanken? Warum muss ich vieles immer von allen Seiten betrachten, sodass ich gar nicht dazu komme, eine Lösung zu finden? Warum bin ich oft in Gedankenstrudeln gefangen, unfähig, Ergebnisse zu produzieren? Warum muss ich mir meine unermessliche Unzulänglichkeit immer wieder vor Augen führen? Wenn ich nicht hundertprozentig sicher war, eine Sache richtig und perfekt durchdacht zu haben, dann ließ ich die Finger davon. Immer mit dem Hintergedanken, etwas nicht richtig verstanden zu haben, hielt ich den Mund oder ließ die Finger von Themen, die mich eigentlich brennend interessierten.

Ich fing an, meine Vergangenheit mit ganz anderen Augen zu betrachten, und sah vieles in einem anderen Licht. Zum Beispiel die häufige Aussage meiner Lehrer, dass ich selten die Leistungen erbringe, die man von mir erwarten könnte. Man schrieb das damals meiner Faulheit zu, aber damit hatte es nichts zu tun. Im Erdkundeunterricht erzählte die Lehrerin zum Beispiel von Bodenschätzen, Bevölkerungsdichte, Flussnamen. Meine Gedanken kreisten aber um die Menschen, die in anderen Erdteilen leben. Wie denken sie? Wie sehen sie uns? Warum gibt es verschiedene Sprachen? Hat es den Turmbau von Babel wirklich gegeben? Aber meine Fragen interessierten niemanden und hatte ich viel zu wenig Selbstvertrauen, als dass ich darauf bestanden hätte, Antworten auf meine Fragen zu bekommen.

Ich habe als Kind sehr viel gelesen, viel mehr als meine Mutter mir Bücher beschaffen konnte. Sie glaubte mir auch mein Lesetempo nicht. Ein typischer Ausspruch von ihr, wenn sie mir mal ein Buch geschenkt hatte und ich nach kurzer Zeit kam und fragte, ob sie vielleicht noch eins hat: »Anna, das Buch hast du nie im Leben gelesen! So schnell kann man nicht lesen!« Meine Antwort war dann immer: »Sag mir den Titel und ich erzähl die Geschichte im Buch.« Da ich nie genügend Bücher bekam, nahm ich heimlich die kleine Bibliothek meines Vaters in Angriff. Die Auswahl war nicht gerade vom Feinsten, aber etwas Interessantes war immer dabei. Ich las von Simmel über Readers Digest bis hin zu medizinischen Fachbüchern alles, was ich erwischen konnte. Wenn ich mal ein Buch nicht verstand, stellte ich es zurück und nahm es mir ein halbes Jahr später wieder vor.

Man könnte das Fazit ziehen, dass ich während meiner Kindheit den Großteil meiner Intelligenz dafür verpulvert habe, meine schwierige Familie zu unterstützen und alles am Laufen zu halten. Es galt als selbstverständlich, dass ich mich schon mit neun Jahren um meine beiden jüngeren Geschwister kümmerte, für alle kochte und den Haushalt machte. Meine Eltern stritten oft, und ich hatte das Gefühl, mich auch um sie kümmern zu müssen. Als ich 13 war, erkrankte meine Mutter an Krebs, und ich unterstützte sie, wo ich konnte; ich half ihr, wenn sie Schmerzen hatte, fuhr mit dem Rad in den nächsten Ort zur Notfall-Apotheke, tröstete sie, wenn sie traurig war. Ein Jahr später starb sie, und ich erhielt von meinem Vater oder Verwandten keinerlei Unterstützung dabei, ihren Tod zu verkraften. Im Gegenteil, ich sorgte nun noch mehr für meinen hilflosen Vater und für meine Geschwister. Ich war gerade mit der Schule fertig, Hauptschule neunte Klasse, und übernahm zunächst die Arbeit meiner Mutter in der chemischen Reinigung. In dieser Zeit war ich seelisch und körperlich vollkommen überlastet, spürte es aber kaum, da ich von frühmorgens bis spätabends eingespannt war.

Etwa ein Jahr später begann ich eine Ausbildung als Krankenschwester. Ich erinnere mich, dass es mir sehr schwerfiel, Autoritäten zu akzeptieren, vor allem wenn ich merkte, dass Entscheidungen nur aus Machtinteressen gefällt wurden. Sachwissen, gute Pflege der Patienten oder Kenntnisse über Mitarbeiterführung schienen eine untergeordnete Rolle zu spielen. So eckte ich mit meiner Kritik oft an, und obwohl ich eine gute Schülerin war, fielen meine Beurteilungen nicht immer so gut aus. Heute kann ich mir besser erklären, warum ich damals oft das undeutliche Gefühl hatte, im Recht zu sein; damals konnte ich es vor mir oder anderen aber nicht begründen, ich dachte, das stehe mir gar nicht zu. Ich hatte auch immer eine große Hochachtung vor Menschen, die studiert hatten. Meine Vorstellung war, dies müssten besonders schlaue, soziale, weit vorausblickende Menschen sein. In persönlichen Kontakten war ich dann aber oft enttäuscht über das eindimensionale Denken vieler dieser angeblich so schlauen Leute.

Nach meiner Ausbildung als Krankenschwester fing ich an, in der Psychiatrie zu arbeiten; die ›normalen‹ Stationen reizten mich nicht. Heute weiß ich, dass ich damals regelrechten Horror vor der üblichen Routine auf Normalstationen hatte. In der Psychiatrie gab es Herausforderungen, viel Neues, wenig Planbares und jede Menge Entwicklungspotenzial, da damals ja alles noch in den Kinderschuhen steckte. Ich war voller guter Ideen, und auch Ärzte hörten sich kollegial und interessiert meine Vorschläge an. Wenn es dann aber an die Umsetzung ging, wandelten sie sich plötzlich wieder zu Autoritätspersonen und bestimmten, was zu geschehen hatte. Ich habe damals zu meinem Stationsarzt gesagt, er benutze die ›Chefsesselhydraulik‹: Immer wenn wir nicht seiner Meinung waren, sprang diese Hydraulik an, er fuhr im übertragenen Sinne positionsmäßig nach oben. Wir hatten deswegen viele Auseinandersetzungen, aber es hat auch Spaß gemacht, und ganz toll war, dass unser Chef sich zwar angegriffen fühlte, aber manchmal sogar zugab, dass ich recht hatte. Wir sind einige Male zusammen einen trinken gegangen, und heimlich fragte ich mich immer, warum er Interesse daran hatte, sich mit einer kleinen dummen Krankenschwester wie mir so ausgiebig zu unterhalten.

Nun war ich ja der Meinung, wer Abitur hat, ist jemand ganz Kluges, deswegen nahm ich mit 26 Jahren noch mal Anlauf, um meinen so ungeliebten Hauptschulabschluss zu tilgen. Ich ging aufs Abendgymnasium und versuchte, es ganz cool und locker anzugehen und mir zu sagen, wenn ich es nicht schaffe, ist es auch nicht schlimm. In Wirklickeit hatte ich eine Heidenangst zu versagen. Aber siehe da, selbst in Mathematik (mein Horrorfach in der Schule damals) machte es mir Spaß zu tüfteln, bis man einen Rechenweg gefunden hat, und auszuprobieren, wie man Lösungen zurückverfolgt. Deutsch war mein Lieblingsfach: Interpretation und stundenlanges Diskutieren, wie man einen Absatz im Buch auslegen und deuten kann, wie viele Möglichkeiten es gibt, einen Autor zu verstehen. Bestes Beispiel für meine ausufernde Art war, dass ich in Deutscharbeiten fast immer mindestens 15 Seiten vollschrieb, meine Freundin brauchte nur drei bis fünf Seiten. Aber ich hatte fast immer 15 Punkte und war so stolz! Es gab mir Auftrieb und Selbstbewusstsein; ich konnte doch mehr, als ich immer von mir annahm. Mein Abitur machte ich mit 2,1 als 30-jährige Frau mit dickem Bauch, ich war zu dieser Zeit im sechsten Monat schwanger. Meinen Traum, nach dem Abitur Germanistik zu studieren, konnte ich deshalb erst mal nicht verwirklichen. Neben der Freude auf das Kind hatte ich auch Angst bei dem Gedanken, für immer und ewig an dieses Persönchen gebunden, nie mehr allein, immer verantwortlich für eine zweite Person zu sein. Mit der Zeit verlor sich diese Panik, und ich war mit Herz und Seele Mutter. Allerdings nicht so sehr, um auf Dauer wirklich den ganzen Tag zufrieden zu Hause zu sitzen.

Also arbeitete ich drei Vormittage in der Woche in einer Arztpraxis in einem kleinen Kämmerchen und gab Patientendaten in den PC ein. Am Anfang kam ich mir sehr wichtig vor, sozusagen eine PC-Spezialistin, aber sehr schnell wurde die immer gleichbleibende Arbeit langweilig und quälend. Nebenbei war ich übrigens noch die persönliche Beraterin der Ärztin.

Ich gab die Arbeit auf, als mein zweiter Sohn zur Welt kam. Als er alt genug war, wollte ich wieder arbeiten und sammelte Ideen, machte Pläne. Ich grübelte und dachte so lange über verschiedenste Möglichkeiten nach, bis ich schließlich gar nichts in die Tat umsetzte. Dann bot sich mir die Gelegenheit, einen Crash-Kurs als Buchhändlerin zu machen und auf Teilzeitbasis in einer Buchhandlung zu arbeiten. Diese Zeit fand ich herrlich; endlich mal wieder selbstbestimmt zu sein, dem anstrengenden Alltag mit zwei kleinen Kindern entfliehen. Als die Schulprobleme meiner Söhne begannen, wurde der Spagat zwischen Beruf und Familie immer größer und schwieriger. Ich musste aufhören zu arbeiten und widmete mich ganz meinen Kindern; besuchte Kurse über ADS und Hochbegabung, las Bücher darüber, recherchierte im Internet und wurde allmählich auf beiden Gebieten zur Spezialistin, die wiederum von anderen Betroffenen um Rat gefragt wurde. Aber es füllte mich nicht aus, ich sah mich wieder da, wo ich als Kind schon gewesen war: ständig mit den Themen anderer beschäftigt, ständig bemüht, die Familie irgendwie am Laufen zu halten. Ich hatte mich selbst total aus den Augen verloren.

Bis ich dann mithilfe meines Sohnes und seiner bzw. meiner Psychologin meine Hochbegabung entdeckte; nach langer Zeit habe ich das Gefühl, mir selbst wieder näher zu kommen und zu spüren, was mir wichtig und wertvoll ist. Vor allem muss ich darauf achten, meine äußerst sensiblen Antennen nicht nur für andere einzusetzen, sondern auch für mich selbst. Ich lebe inzwischen von meinem Mann getrennt, mein Sohn kann vielleicht zum Ende des Sommers wieder eine Regelschule besuchen, und mein großer Sohn macht seine Ausbildung. Ich selbst schreibe an einem Buch, absolviere eine Ausbildung zur Mediatorin und habe gerade mein eigenes Büro für Mediation und Schulberatung gegründet.

Ich frage mich heute oft, was gewesen wäre, wenn ich es früher gewusst hätte. Manchmal macht es mich traurig und wütend, dass meine Eltern und Lehrer meine Hochbegabung nicht früher erkannt haben. Ich glaube, ich wäre sehr viel selbstbewusster gewesen, hätte meinen Wahrnehmungen mehr vertraut und und mein Leben wäre erfüllter gewesen. Andererseits bin ich auch froh und dankbar, dass mein Sohn sich so lange und hartnäckig gegen alles geweigert hat, bis ich von meiner eigenen Hochbegabung erfahren und endlich angefangen habe, meine Möglichkeiten so gut es geht zu nutzen.

Die Eltern gehen voran

Man könnte sagen, dass der Sohn der Schreiberin alle ihm zur Verfügung stehenden Mittel eingesetzt hat, um seine Mutter auf ihre verdrängte Hochbegabung und ihre damit verbundenen Versagensängste aufmerksam zu machen. Neben diesem zentralen Thema finden sich auch in diesem Bericht zahlreiche ›klassische‹ Merkmale und Besonderheiten Hochbegabter, zum Beispiel das Anlegen zu hoher Maßstäbe, das schwankende Selbstwertgefühl, das Infragestellen von Autoritäten bei gleichzeitigen Zweifeln an der eigenen Wahrnehmung, die Angst vor einem Intelligenztest und das Misstrauen in die (hohen) Ergebnisse, der Widerwille gegen Routineaufgaben und das instinktive Aufsuchen großer Herausforderungen. Auch unerkannte und nicht geförderte Hochbegabte besitzen oft einen starken, natürlichen Antrieb, sich Wissen und Fähigkeiten anzueignen, einen fehlenden Schulabschluss nachzuholen und sich in verschiedensten Bereichen weiterzubilden. Häufig fungieren die Betreffenden als Ansprechpartner und Berater für andere. Ebenfalls bezeichnend sind die zahllosen Berufsideen, Zukunftspläne und Entwürfe, die zwar akribisch ausgearbeitet und gesammelt, aber nicht in die Tat umgesetzt werden.

Reifung aus Not

Ein besonderes Merkmal dieser Lebensgeschichte ist zudem die massive Überlastung und Überforderung in der Kindheit und Jugend der Verfasserin. Hochbegabte Kinder neigen dazu, in schwierigen Verhältnissen und selbst unter stärksten Belastungen sehr viel Verantwortung für die Familie und deren Wohlergehen zu übernehmen. Dies kann einerseits notgedrungen emotionale, soziale und geistige Fähigkeiten ausbilden (›Reifung aus Not‹), andererseits aber zweifellos tiefe seelische Verletzungen hervorrufen und die Entfaltung eigener Begabungen und Interessen verhindern. Auf diese sehr komplexe Thematik werde ich im Kapitel »Schwierige Verhältnisse« noch einmal näher eingehen.

3. Erfolg und Misserfolg

Eigentlich sollte an dieser Stelle das Kapitel »Früh erkannte Hochbegabung« folgen. Da sich aber auch nach langer Suche fast keine früh erkannten Hochbegabten einfinden wollten und sich zudem herausstellte, dass die Hochbegabung bei vielen zwar schon früh festgestellt, ihr aber keinerlei Beachtung geschenkt wurde, erwies sich diese Kategorie vorerst als unbrauchbar. Auch die Frage, ob früh erkannte und geförderte Hochbegabte eine bessere Zukunftsprognose und mehr Erfolg im Berufsleben haben, ist schwer zu beantworten, weil häufig noch so viele zusätzliche Faktoren auf die Entwicklung Einfluss nehmen, dass sie nicht ohne weiteres vom Einfluss der Früherkennung bzw. -förderung zu trennen sind. Eine gewisse positive Auswirkung lässt sich sicher nicht von der Hand weisen. Die Definition von Erfolg oder Misserfolg ist wiederum eine höchst subjektive und lässt sich nicht immer mit konventionellen Maßstäben messen. Die LeserInnen mögen daher selbst entscheiden, inwieweit beruflicher Erfolg gleichbedeutend ist mit einem erfüllten, interessanten und zufriedenen Leben.

»Es war immer ganz normal, dass ich ein bisschen anders bin«

An meine ersten drei Lebensjahre habe ich so gut wie keine Erinnerungen; auch aus den Erzählungen meiner Eltern ist mir wenig bekannt, ich glaube nicht, dass ich irgendwie aufgefallen bin. Sehr vage erinnere ich mich an den Kommentar einer Tante, die zu mir gesagt hat: »Sei doch nicht so altklug.« Auch von meiner Kindergartenzeit weiß ich nicht mehr viel, nur, dass ich nicht gerne hinging und wenig Kontakt zu anderen Kindern hatte. Meist habe ich allein gespielt, bin in meiner eigenen Welt versunken und galt als eher ängstlich und zurückgezogen. Dies hatte vielleicht auch damit zu tun, dass meine Eltern sich trennten, als ich fünf war. Später heiratete meine Mutter wieder, und ich bekam drei ältere Halbgeschwister, die mir das Leben ziemlich schwer machten, nicht nur weil ich der Kleinste war; oft haben sie mich ausgelacht, weil ich so verträumt und in mich gekehrt war. Wenn etwas mein Interesse fesselte, vertiefte ich mich völlig darin und vergaß alles um mich herum. Heute würde ich sagen, dass es beinahe ein wenig autistisch gewirkt haben muss.

Ich wurde mit sechs eingeschult und war anderen Kindern gegenüber, vielleicht auch wegen der Erfahrungen mit meinen Halbgeschwistern, sehr misstrauisch und distanziert. Noch bis zur dritten Klasse kannte ich nicht alle Namen meiner Mitschüler und galt weiterhin als zurückhaltend und introvertiert. Ich wurde zwar nicht ausgegrenzt, lief aber mehr so am Rande mit. Meine Leistungen waren durchschnittlich bis gut; eine Zeit lang hatte ich Probleme, Aufgabenstellungen in Sachkunde, Mathematik oder Deutsch zu verstehen. Es fiel mir schwer, mich zu konzentrieren, und ich machte oft Flüchtigkeitsfehler. Auch erinnere ich mich an diffuse Versagensängste. Als wir in der vierten Klasse in Mathematik erstmals ein abstrakteres Thema besprachen habe ich plötzlich als Einziger sofort alles verstanden und sollte es sogar den anderen erklären.

Ab der fünften Klasse des Gymnasiums fielen mir Naturwissenschaften immer leichter und interessierten mich zunehmend. Das Lernen von Fakten lag mir nicht so. Am besten war ich, wenn abstrakte Zusammenhänge erfasst werden mussten, also in Physik, Chemie, Mathematik. Das fiel mit der Zeit auch meinen LehrerInnen auf, und sie schlugen vor, dass ich an einem Förderprojekt für begabte Schüler teilnehme. Ich bestand den Aufnahmetest und besuchte danach regelmäßig einen Studientag und Wettbewerbe. Ab dem sechsten Schuljahr verbesserten sich meine Leistungen in allen Fächern konstant, und ich war bis zum Abitur, das ich mit 1,0 abgeschlossen habe, eigentlich immer Klassenbester. Meine Mitschüler haben mit der Zeit akzeptiert, dass ich irgendwie anders bin. Weder beunruhigte mich das, noch war ich stolz darauf, es war eher ganz selbstverständlich. Ich hatte eine Art neutrale Außenseiterrolle und war ein Einzelgänger, aber ich litt nicht besonders darunter. Vereinzelt hatte ich schon Kontakte, die ich jedoch nicht als wirklich enge Freundschaften bezeichnen würde; ein ehrlicher innerer Austausch fand kaum statt. Auch bei den Lehrern hatte ich in gewisser Weise eine Sonderrolle: Einige schienen unsicher, wie man mit ›so jemand‹ wie mir umgeht, und empfahlen mir unter anderem, mich mündlich zurückzuhalten. Da ich ohnehin alles wisse, werde man mich nicht oft aufrufen. Ich weiß nicht, ob es mir damals richtig bewusst war, aber ich habe mich in der Schule wohl sehr gelangweilt, von mir aus hätte es deutlich schwerer sein können. Gelernt habe ich fast nie. Einmal habe ich einen Erdkundetest abgebrochen, weil ich einfach nicht verstand, was die Lehrerin wollte. Es schien um das reine Abfragen von Fakten zu gehen und nicht um das Erklären von Zusammenhängen. Im Auswendiglernen habe ich nie einen Sinn gesehen und es vermieden, wo es ging. Manche Themen, vor allem in Naturwissenschaften, haben mich ganz unmittelbar gepackt, und ich habe mich, wie früher als Kind schon, ganz selbstverständlich hineinvertieft. Es war kein ehrgeiziges Lernen, sondern ein natürlicher, spontaner Prozess.

In meiner Freizeit las ich viel, spielte Schach und lernte Geigespielen. Mein Musiklehrer war begeistert von mir, hielt mich für sehr begabt und wollte, dass ich an Wettbewerben teilnehme. Aber auch hier fehlten mir der Ehrgeiz und die Ausdauer beim Üben. Ich kann mir nur über mein unmittelbares Interesse etwas erarbeiten; die Zwischenschritte, also das ›mittelbare‹ Üben, fallen mir immer schwer. Vielleicht möchte ich die Dinge einfach immer sofort können und mich nicht lange mit den lästigen Vorarbeiten aufhalten.

Aufgrund meiner Abiturnote wurde ich von der Schule für ein Stipendium der Studienstiftung vorgeschlagen. Meine Studienwahl fiel mir leicht, da ich meine Begabungsschwerpunkte ja schon kannte.

Ich begann Physik und Philosophie zu studieren, und es veränderte sich vieles für mich. Plötzlich konnte ich mich nicht mehr auf meiner Sonderrolle ausruhen, denn es gab außer mir noch viele andere Schlaue. Ich war erstmals richtig gefordert, habe nicht gleich alles verstanden und kam an meine Grenzen. Einerseits tat mir das gut, ich wollte auch endlich gefordert werden, andererseits war es sehr ungewohnt, denn ich hatte praktisch nie gelernt, Hindernisse zu überwinden und mir mühsam etwas zu erarbeiten. Auch sehe ich im Nachhinein, dass ich mir während der Schulzeit eine etwas arrogante Haltung zugelegt hatte; sie war vielleicht auch eine Art Schutz vor meiner Angst zu versagen. Diese Arroganz erwies sich mit Beginn meines Studiums sehr schnell als unpassend. Ich knüpfte jetzt viele Kontakte und fühlte mich unter den Gleichgesinnten wohl; auch das war eine neue Erfahrung für mich. Andere hatten mich unter anderem deshalb als hochmütig empfunden, weil ich mit ihnen und mir selbst zu kritisch war. Ich glaube, ich habe mich in dieser Hinsicht weiterentwickelt; zum Beispiel habe ich verstanden, dass es arrogant wirkt, wenn ich meine Leistungen als mittelmäßig betrachte, während andere sie sehr gut finden. Früher fehlte mir einfach der Maßstab, der Vergleich. Ich kann meine und die Fähigkeiten anderer jetzt besser einschätzen, weil ich nun ebenbürtige und überlegene Kommilitonen kenne und ältere ProfessorInnen, die mich beeindrucken. Das war wohl mal nötig.

Ich besuchte während des Studiums auch Seminare über Politik, Hirnforschung oder Geschichte. Obwohl es ganz andere Fachrichtungen waren, habe ich vieles schnell verstehen können, vermutlich weil es mich sehr interessierte. Ich glaube, dieses spontane, brennende Interesse zeichnet mich am meisten aus. Dinge, die mir wichtig sind, kann ich mir auch gut merken. Für Namen von Gesprächspartnern zum Beispiel habe ich aber kein sehr gutes Gedächtnis, was schon manchmal peinlich sein kann; ich versuche dann, den anderen nicht namentlich anzusprechen und abzuwarten, bis ich unauffällig einen Dritten danach fragen kann. Bei Alltagsverpflichtungen oder monotonen Verwaltungsarbeiten bin ich oftmals nicht so gut organisiert und schiebe sie wenn möglich auf. Manchmal lasse ich mich leicht von Kleinigkeiten ablenken; wenn ich zum Beispiel im Kaufhaus stehe und die Musik aus den Lautsprechern dudelt, finde ich die Zahnpasta nicht, die direkt vor mir steht.

Ich habe einige wenige enge Freunde; es erscheint mir eher schwierig, meinesgleichen zu finden. Schon als Physiker und Philosoph gelte ich etwas als Exot, aber vielleicht auch durch die Intensität, mit der ich mich mit meinen Interessen wie etwa Geschichte, Politik, Psychologie und Biologie befasse. Zudem ist mein Humor wohl relativ scharf und scheint andere zu irritieren. In geselligen Runden muss ich mich manchmal zurückhalten, um nicht komisch aufzufallen. Ich gehe den Dingen gern auf den Grund, steige zu tief ein, rede zu lange über bestimmte Themen und will alles gern grundsätzlich erörtern. »Wir sind doch hier nicht im Seminar, sondern zum Spaß!« Ich habe aber gerade an intensiven Diskussionen den meisten Spaß, zum Smalltalk kann ich nur wenig beitragen.

Nach Abschluss meines Studiums habe ich in Physik promoviert und bin eigentlich mit meiner wissenschaftlichen Arbeit ganz zufrieden. Ob es mir gelingt, in der Wissenschaft zu bleiben, ist noch nicht sicher. Ich bin zwar wohl ganz gut, aber keiner von den Großen. Eine Professur im Ausland wäre ein Wunsch – der aber vermutlich ein Traum bleiben wird.

Bemerkenswert ist hier, dass das Niveau der schulischen Leistungen des Schreibers erst nach der Grundschulzeit kontinuierlich anstieg. Und dass sich das Erkennen und gezielte Fördern seiner Begabungen sehr wahrscheinlich auch positiv auf sein Selbstvertrauen, seine Motivation und damit möglicherweise auf die Leistungsfähigkeit in anderen Fächern ausgewirkt hat. In der Grundschule war er mit Sicherheit unterfordert. Wenn hochbegabte SchülerInnen auf einem oder mehreren Gebieten besonders weit voraus sind, schalten sie hier häufig ab, konzentrieren sich zu wenig oder denken bei einfachen Aufgaben zu kompliziert, sodass sie nicht die Leistungen erbringen, die ihren eigentlichen Fähigkeiten entsprechen. Mit steigenden Anforderungen und zusätzlicher Förderung wurde aus dem mittelmäßigen Grundschüler ein Einser-Abiturient. Ob er in sozialer Hinsicht glücklich gewesen ist, sei dahingestellt, aber zumindest scheint er mit seiner Sonderrolle in der Schule nicht unglücklich gewesen zu sein, was bestimmt auch damit zusammenhängt, dass er im Rahmen des Förderprojektes einige Kontakte knüpfen konnte; ich beobachte bei Hochbegabten häufig, dass sie Außenseiterpositionen in Gruppen viel besser verkraften, wenn sie außerhalb der jeweiligen Gruppierung (Schulklasse, Studiensemester, Arbeitsplatz) regelmäßig Kontakt zu Gleichgesinnten haben. Das Einzelgängertum scheint dann nicht ausschließlich negativ bewertet zu werden und für den Betreffenden eher erklärbar. Auch die Entscheidung für die Wahl eines Studienfaches wurde dem Schreiber durch das Förderprojekt erleichtert. Insofern hat die relativ frühe Begabtenförderung sicherlich zu beruflichen und persönlichen Erfolgen beigetragen.

Begabungsförderung mit Schneeballeffekt

Kontakte zu Gleichbegabten stärken das Selbstvertrauen

Das nächste Beispiel schildert die Geschichte eines Höchstbegabten, dem es gelungen ist, trotz schwierigster äußerer Bedingungen zu beruflichem und persönlichem Erfolg zu gelangen. Geholfen haben ihm dabei sicher seine hohen intellektuellen Begabungen, aber auch seine ausgeprägte Fähigkeit, Probleme zu lösen und Belastungen zu verarbeiten.

»Leben heißt, Probleme zu lösen«

Manchmal beschleicht mich das merkwürdige Gefühl, durch einen Irrtum auf dem falschen Planeten gelandet zu sein. Denn dieser Planet Erde beherbergt derzeit eine dominante Lebensform, die sich zwar Homo sapiens nennt, aber einiges unternimmt, um sich gegenseitig das Leben zur Hölle zu machen. So wird zum Beispiel die Aufteilung der Menschen in verschiedene Nationen, Religionen und Ideologien als normal und selbstverständlich hingenommen, aber sobald man sich mit diesen identifiziert, ergibt sich das Problem der Verteidigung dieser Abgrenzung, und das führt zu dramatischen Konflikten. »Dieser Planet ist vermutlich das Irrenhaus des Universums«, erklärte mir ein Freund einmal.

Ich bin in London geboren, meine Mutter ist Deutsche und mein Vater Iraner. Meine Kindheit habe ich im Iran, in Kuwait, in Deutschland und, von meinem zwölften bis siebzehnten Lebensjahr, im Libanon verbracht. Schon früh zeigte sich ein ziemlich großer Tatendrang, denn bereits wenige Tage nach meiner Geburt fing ich an, mich auf meinem Bauch kriechend fortzubewegen und Geräusche anderer zu imitieren. Erste Worte sprach ich etwa mit einem halben Jahr. Im Alter von 17 Monaten bin ich einmal von zu Hause ausgerissen, um meinen Onkel zu besuchen, der auf der anderen Stadtseite von Teheran lebte, und mein Verschwinden hat meine Eltern bestimmt in Angst und Schrecken versetzt.

Aufgrund der multikulturellen Lebensumstände bin ich mit mehreren Sprachen aufgewachsen. Im Alter von zwei Jahren habe ich mir selbst das Lesen beigebracht (Deutsch), und mit vier Jahren konnte ich Englisch, Deutsch, Farsi und Arabisch schreiben und lesen. Später in der Schule kamen Französisch und etwas Latein dazu. Meine sprachlichen Fähigkeiten betrachtete ich nicht als etwas Besonderes, ich habe sie mir eher auf selbstverständliche Weise angeeignet. Obwohl ich in einem durchaus liebevollen und fördernden Elternhaus aufgewachsen bin, fiel mir oder anderen nicht auf, dass ich besonders begabt gewesen wäre. Vermutlich lag das daran, dass zu dieser Zeit nicht in Kategorien von Hochbegabung gedacht wurde. Und dann kommt noch der Umstand hinzu, dass mein Vater zehn Sprachen spricht (dies erfuhr ich erst kürzlich) und meine Mutter sieben. So war es nicht weiter überraschend, dass ich in der Schule immer gute Leistungen erbrachte, ohne dafür viel lernen zu müssen. Und es schien niemanden zu wundern, dass ich tonnenweise Bücher aus der Bücherei mitbrachte und bereits mit zehn Jahren Goethes ›Faust‹ und wissenschaftliche Enzyklopädien verschlang oder mich mit 14 mit Astronomie, Physik und Biologie befasste; auch Vogelkunde faszinierte mich sehr. Es war für mich schon immer ganz natürlich, Fragen zu stellen, mir Wissen anzueignen, Zusammenhänge aufzuspüren und begreifen zu wollen, wie wir funktionieren, welchen Platz wir im Universum einnehmen, welchen Sinn Religionen haben, und Lösungen für bestehende Probleme jeglicher Art zu suchen. Gewundert habe ich mich immer eher darüber, dass andere nicht so viel wissen, nicht so wissbegierig sind und nicht so viele Interessen haben. Später habe ich meine Andersartigkeit dann deutlicher wahrgenommen, aber ich bin sehr lange nicht auf den Gedanken gekommen, dass sie etwas mit meinen besonderen Begabungen zu tun haben könnte. Einmal, als 13-Jähriger, habe ich ein Bild eines schwarzen Panthers gemalt, der über einen Baumstamm springt. Ich zeigte dieses Bild voller Stolz meiner Stieftante, die Malerin war. Ihre Reaktion werde ich nie vergessen, denn sie beschuldigte mich, dass ich dieses Bild kopiert hätte und dass ich lügen würde, wenn ich behaupte, ohne Vorlagen gemalt zu haben; so etwas könne man nicht einfach so aus dem Kopf malen.

Bis heute kann ich es nur schwer benennen, es ist ein eher diffuses Gefühl, ›anders‹ zu sein, so als würden manche die Welt verschleiert oder unscharf oder nur eingeschränkt wahrnehmen, während es mein Bestreben ist, so viel Klarheit wie möglich zu erreichen. Aber ich möchte hier nicht allzu vermessen klingen.

Im Libanon besuchte ich zunächst die deutsche Schule und fühlte mich dort sehr wohl. Als der Bürgerkrieg begann, wurde die deutsche

Schule geschlossen, und ich musste auf eine englische Schule wechseln, um kein Schuljahr zu verlieren. Weil wir so wenige Schüler waren, wurden die zehnte und elfte Klasse zusammengelegt; ich absolvierte und bestand die Prüfungen für das elfte Schuljahr und habe daher wie selbstverständlich eine Klasse übersprungen. Mein Wohnviertel, in der ich umständehalber als einziger Zivilist wohnen musste, befand sich in einer militärischen Zone, und das Gefühl lebensbedrohlicher Gefahr war allgegenwärtig. Soldaten mit Maschinenpistolen in Barrikaden vor dem Haus, Granateneinschläge und Bombardierungen, Gewehrfeuer und Scharfschützen gehörten zum Alltag; einigen Angriffen bin ich nur knapp entkommen. Auch in der Schule wurden Bedrohung und Aggressivität mehr und mehr spürbar, manche der männlichen Mitschüler kamen bewaffnet in den Unterricht, und einer von ihnen versuchte sogar, seine Versetzung mit Waffengewalt zu erzwingen. Ich versuchte, so gut es ging, mich anzupassen und nicht aufzufallen. Und hatte dabei ein ganz klares Ziel vor Augen, nämlich den katastrophalen Zuständen zu entkommen und den Libanon so bald wie möglich zu verlassen, um im Ausland zu studieren. Dafür arbeitete ich diszipliniert in der Schule mit und betrieb weiter meine eigenen Studien zu Hause; oft blieb mir auch gar nichts anderes übrig, denn das Haus zum Spielen zu verlassen oder auszugehen war meistens lebensgefährlich. Von meiner Familie war ich die meiste Zeit getrennt, und man traute mir offenbar zu, meinen Alltag auch unter diesen extremen Bedingungen eigenständig zu meistern.

Mit 17 erlangte ich die Hochschulreife und fand schließlich in Deutschland eine einzige Universität, die bereit war, einen so jungen Studenten aufzunehmen. Als ich mein Studium zum Ingenieur begann, merkte ich, dass ich mir Inhalte eines Semesters innerhalb weniger Wochen erarbeiten konnte, und so blieb mir genug Zeit, um nebenbei zu jobben und mich vielen anderen Interessen zu widmen. Ich trieb viel Sport, lernte Taekwondo und Kendo, beschäftigte mich mit Systemtechnik, spielte Schach und Billard, arbeitete als technischer Assistent beim Fernsehen und als Berater einer großen Firma; parallel begann ich mein Promotionsstudium.

Während meiner Universitätszeit fand ich mehr und mehr, dass meine Fragen ans Leben durch wissenschaftliches Arbeiten allein nicht beantwortet werden konnten; zum Beispiel, warum Menschen im Namen ihrer Religion Kriege führen. Deshalb befasste ich mich näher mit religiösen Lehren, etwa mit dem Buddhismus, der mir erstaunliche Erkenntnisse brachte. Ich stieß dabei unter anderem auf die Zen-Meditation, die mir bis heute hilft, in wirren Zeiten oder Belastungssituationen wieder zu mir zu kommen.

Mit meiner Tätigkeit als Unternehmensberater wurde ich immer unzufriedener. Ich stellte den Sinn meiner Arbeit infrage und wollte nicht Teil eines Systems sein, das ausschließlich profitorientiert arbeitet und dadurch viele Ungerechtigkeiten produziert; ich konnte es moralisch nicht mit meinen Überzeugungen vereinbaren, indirekt am Abbau von Arbeitsplätzen und der Entlassung von Arbeitnehmern beteiligt zu sein; ich wollte nicht Handlanger dafür sein, andere abzuzocken. Ich fühlte mich unglücklich und verunsichert, bekam gesundheitliche Probleme, in meiner Beziehung kriselte es, und mir wurde immer klarer, dass ich mein Leben grundlegend ändern musste.

Obwohl ich kurz vor einer Beförderung stand, kündigte ich und war erst einmal völlig orientierungslos. Mich plagten viele Fragen und Zweifel, wie es weitergehen und wie ich sowohl beruflich als auch privat meinen Platz in der Gesellschaft finden konnte. Ich fühlte mich nicht nur aufgrund meiner ungewöhnlichen Biografie als Außenseiter, sondern auch, weil ich in vielem anders denke, gesellschaftliche Prozesse kritischer betrachte, mich intensiver mit Dingen beschäftige, andere Interessen habe, anders über Dinge nachdenke. In Gesprächen fühlte ich mich oft als Alleinunterhalter und erhielt wenig Resonanz. Auch fiel mir auf, dass mich selbst in der Zeit dieser tiefen Krise viele andere mit ihren Problemen in Anspruch nahmen, mich um Rat und Hilfe fragten und ich mich dabei viel zu sehr verausgabte. In der Tat ist es wohl typisch für mich, dass ich auch in schwierigsten Situationen nicht aufgebe und immer nach Lösungswegen suche. Mehrere Dinge haben mir dann geholfen, mich neu zu orientieren: Zuerst habe ich begriffen, dass nur ich selbst derjenige sein kann, der seine Probleme löst. Aber auch eine therapeutische Begleitung und die Unterstützung einiger Freunde und meiner Familie waren für mich hilfreich. Schließlich fand ich im Internet über Diskussionsforen Kontakt zu Hochbegabtenvereinigungen und absolvierte einige Intelligenztests.

Obwohl ich diesen Tests bis heute skeptisch gegenüberstehe, haben mich die Ergebnisse einen wichtigen Schritt weitergebracht, weil mir klar wurde, dass ich nicht völlig allein dastehe, sondern es außer mir noch einige andere Menschen gibt, die in vielem ähnlich denken wie ich. Allerdings fühle ich mich selbst im Kontakt mit Hochbegabten manchmal fremd und kann den Zynismus, die Irrationalität und die unsinnige Aggressivität vieler Auseinandersetzungen nicht nachvollziehen. Nur mit einigen wenigen ist für mich endlich ein wirklich fruchtbarer und belebender Austausch möglich.

Das Gefühl, isoliert zu sein, taucht immer noch häufig auf. In manchen Studien kann man nachlesen, dass Hochbegabte meistens erfolgreicher, sozial geschickter, zufriedener und psychisch stabiler sind als andere. Aber ich habe meine Zweifel, ob das wirklich für alle Hochbegabten zutrifft. Vor allem Höchstbegabte haben, glaube ich, oft Mühe, sich in das ›normale‹ Leben einzufügen und sich in sozialen Kontakten genügend anzupassen. Nicht alle haben das Glück, passende soziale Kontakte zu finden.

Mit der Zeit ist es mir gelungen, aus meiner Not eine Tugend zu machen: Ich arbeite nun selbstständig und übe praktisch drei Berufe gleichzeitig aus, nämlich IT-Dozent, Webentwickler und Coach. Das sorgt zwar bei anderen für mancherlei Irritationen und stiftet auch bei mir selbst mitunter Verwirrung, aber es kommt meinen breit gefächerten Interessen und meinen unterschiedlichen Fähigkeiten entgegen. Ich fahre am liebsten mehrgleisig und arbeite gern und viel. Zum Ausgleich für meine vielen beruflichen Aktivitäten, die wiederum viele Denkprozesse in verschiedenste Richtungen anregen, brauche ich meine Zen-Meditation und den Sport, sonst würde ich wahrscheinlich wahnsinnig werden. Auch in Alltagssituationen helfen mir meine ›Loslassenstrategien‹; ich fühle mich zum Beispiel in Menschenansammlungen ziemlich angespannt und kann dies durch tiefes und ruhiges Atmen besser kontrollieren. Außerdem bin ich sehr lärmempfindlich, selbst leiseste Geräusche erlebe ich manchmal als störend; ganz zu schweigen von Feuerwerken und Silvesterknallerein, da kommen bei mir richtige Angstgefühle auf, die sicherlich auch mit meinen Kriegserlebnissen zusammenhängen. Auch bin ich ziemlich lichtempfindlich; hinzu kommt eine ziemlich lange Liste von Allergien. Insgesamt bin ich damit sicherlich sensibler als die meisten; ich nehme sehr schnell wahr, was andere fühlen, und erahne oft, was sie denken. Das kann recht desillusionierend sein, hat aber auch gewisse Vorteile, zum Beispiel wenn ich Gefahr laufe, mich in eine Frau zu verlieben, die nichts für mich übrig hat. Auf diese Weise kann ich mich eher vor Verletzungen schützen. Viele Filme möchte ich mir nicht ansehen, zum Beispiel Horrorfilme oder exzessive Gewaltdarstellungen; Gleiches gilt sogar für Liebeskomödien, weil ich die soziale Spannung darin oft kaum aushalte und es mir unendlich peinlich ist, wenn die Figuren sich blamieren oder lächerlich machen. Übrigens muss ich auch zugeben, dass ich recht empfindlich auf Kritik reagiere; es ist allerdings mit der Zeit schon besser geworden. Der nötige Humor und die Erkenntnis, dass Feinfühligkeit und Offenheit Verletzbarkeit einschließt, werden mir bestimmt helfen, auch dieses Problem irgendwann zu lösen.

Not als Antrieb

Hier will es fast scheinen, als hätten die schwierigen Anfangsbedingungen beim Verfasser einen geradezu sturen und hartnäckigen Willen hervorgerufen, alles daranzusetzen, eben diesen Bedingungen zu entkommen. Seine hoch ausgeprägten Begabungen kamen ihm dabei gleichsam zu Hilfe. Zudem nötigten ihn die Umstände häufig dazu, zu Hause zu bleiben, wo er sein Wissen vertiefte und seine Talente ausbaute. Es ist anzunehmen, dass sich auch das sehr gebildete und liebevolle Elternhaus des Verfassers stabilisierend und förderlich auf seine Laufbahn auswirkte. Welchen Anteil die jeweiligen Faktoren haben, ist, wie eingangs erwähnt, schwer zu beurteilen. Denn nicht immer reichen eine hohe Begabung und ein eiserner Wille aus, um Widerstände zu überwinden und Belastungen zu meistern.

In der folgenden Geschichte ist es vermutlich gleichfalls das Zusammenwirken verschiedener Einflüsse, das wiederum zu beruflichen und persönlichen Misserfolgen führt.

»Ich wollte mich anpassen und Mittelmaß sein«

Obwohl die Entwicklungspsychologie dies nicht für möglich hält, reichen meine Erinnerungen zurück bis zum Alter von etwa anderthalb Jahren. Ich habe mit meiner Mutter Fangen gespielt; es ist schwer, jemandem zu erklären, was man als so kleines Kind fühlt. Man muss sich einfach vorstellen, dass alles in einem vor Entzücken lacht, ohne jedweden befremdlichen Gedanken, das ganze Wesen fokussiert sich nur auf diesen einen Moment und entlädt sich in einer Kaskade der Freude – so wunderbar, dass mich die Erinnerung daran bis heute noch fröhlich macht. Andererseits fällt es mir sehr schwer, negative Ereignisse aus der Vergangenheit zu verdrängen, ich erinnere mich auch an belastende Situationen immer sehr intensiv und detailliert.

Ich wuchs in der ehemaligen DDR auf und besuchte dort eine Ganztagsschule. Das Eingebundensein in Propaganda-Aktivitäten war schon im Grundschulalter ganz selbstverständlich. In meiner Klasse wurde ich bald zum Gruppenvorsteher und etwas später zum Stufenvorsteher, der unter anderem die Aufgabe hatte, die kommunistische Denkweise der Mitschüler zu fördern und zu überwachen, Treffen zu organisieren und kleine Vorträge über den Kommunismus zu halten. Dies war für die meisten von uns üblich; zum Stufenvorsteher wurde ich wahrscheinlich deshalb benannt, weil ich sehr gute Noten hatte und schon früh Interesse an theoretischen Diskussionen zeigte. Gute Leistungen wurden bei uns stets gefördert, zum Beispiel im Einzelunterricht, bei dem ich einmal meine Lehrerin zum Thema Marxismus an die Wand diskutierte. Statt darüber verärgert zu sein, brachte sie mir am nächsten Tag eine Tafel Schokolade (West-Schokolade!) mit und lobte mich, weil ich so schön diskutieren konnte. Damals war ich etwa acht.

Bereits vor meiner Einschulung hatte ich bei den Hausaufgaben meines drei Jahre älteren Bruders mitgelernt, sodass ich, als ich zur Schule kam, schon multiplizieren konnte; das erschien mir aber nicht als etwas Besonderes, Mathe war schließlich simple Logik. In der Schule bemerkte ich allerdings schon, dass ich im Gegensatz zu den meisten meiner Mitschüler nie für meine guten Noten lernen musste und viele Sonderaufgaben erhielt. Ich ging gerne zur Schule, fühlte mich wohl in meiner Klasse und hatte zwei gute Freunde. Insgesamt war ich wohl eher ein Einzelgänger, aber ich litt nicht darunter.

Die Atmosphäre zu Hause war längere Zeit gedrückt, weil mein Vater eine Affäre mit einer anderen Frau hatte. Meine Mutter war deshalb oft traurig. Ich habe sie unterstützt und schon mit fünf Jahren für sie den Starken gespielt. Auf längeren Autoreisen in unserem Trabbi saß ich immer hinter ihr und streichelte stundenlang ihre Backe, wenn sie weinte.

Nach dem zweiten Schuljahr stellten meine Eltern einen Ausreiseantrag, und es wurde uns verboten, darüber zu sprechen, was mir sehr schwerfiel. Nur einem Freund berichtete ich abends heimlich vor dem Einschlafen davon, wie Honecker uns bei unserer Ausreise am Flughafen offiziell verabschieden würde. So hatte ich das wohl mal im Fernsehen gesehen.

Es folgte eine Zeit massiver Repressalien gegen meine Eltern; sie verloren beide ihren Arbeitsplatz, wurden Stasi-Verhören unterzogen und manchmal vor unseren Augen auf offener Straße von Beamten abgeholt. Meine Eltern hielten sich mit Gelegenheitsarbeiten notdürftig über Wasser, die Stimmung zu Hause war noch bedrückender als zuvor, und ich hatte jetzt große Angst, in den Westen zu gehen, denn ich stellte mir vor, dass die Menschen dort nichts zu essen haben und unter Brücken leben und die Kinder ausgebeutet werden. Ich dachte immer, die Mauer sei da, um uns vor den Zuständen da drüben zu schützen. Die Lehrer unserer Schule wussten von unserem Antrag und setzten meinen älteren Bruder so unter Druck, dass seine Noten sich drastisch verschlechterten; ich selbst genoss wohl noch eine Art Welpenschutz. Zum Ende der vierten Klasse hatte ich noch immer in allen Fächern sehr gute Zensuren. Es brach eine Welt für mich zusammen, als wir dann schließlich ausreisten.

In der Bundesrepublik sollte ich auf die Realschule gehen. Man hatte damals noch keinerlei Erfahrungen mit Schülern aus der DDR und vermutete, dass ich wegen der unterschiedlichen Lernsysteme auf dem Gymnasium überfordert sein würde. Auf der Realschule brachte ich weiterhin sehr gute Leistungen, aber dies wurde nicht anerkannt, sondern sogar verachtet; das verwirrte mich sehr. Meine neuen Mitschüler hänselten mich, nannten mich ›Streber‹, griffen mich an und grenzten mich aus. Damit ich wenigstens in Ruhe gelassen wurde, schrieb ich absichtlich immer schlechtere Noten. Das erste Jahr war die Hölle, ich fand keinen Anschluss und kam oft weinend nach Hause. Mein Zeugnis war nun voller Fünfen, und ich musste die fünfte Klasse wiederholen. Den Lehrern waren zwar meine vorherigen Zeugnisse bekannt, aber sie haben sich rausgehalten und meinen Leistungsabfall einfach so hingenommen, ich war eben der Einzige ›aus dem Osten‹ und wer weiß, wie ›da drüben‹ unterrichtet worden war. Als ich die Klasse wiederholte, schloss ich mich einem anderen Einzelgänger an, ohne wirklich mit ihm befreundet zu sein. Ich schottete mich ab, gab mich nach außen aggressiv und hart und zeigte keine Gefühle. Ohne je zu lernen oder Hausaufgaben zu machen, schloss ich die Realschule mit einem Dreier-Durchschnitt ab. Während des zehnten Schuljahrs hatte ich mich bei der Polizei beworben und einen ›Stress-Logik-Test‹ gemacht, bei dem ich als Einziger hundert Prozent der Aufgaben richtig gelöst hatte, was bei diesem Test eigentlich gar nicht vorgesehen war. Man schickte mich deshalb zu einem Psychologen, bei dem ich einen Intelligenztest machen sollte. Dieser teilte mir mein Ergebnis von über 140 IQ-Punkten kommentarlos mit, drückte mir das Auswertungsblatt in die Hand und verabschiedete sich schnell von mir. Es hatte den Anschein, als wolle er mit dieser Sache nichts weiter zu tun haben. Auch ich selbst wusste mit dem Testergebnis nicht viel anzufangen. Später, in einer depressiven Phase, habe ich es wütend und feierlich verbrannt.

Nach meiner mittleren Reife war ich vollkommen plan- und orientierungslos. Ich wollte mich anpassen, wollte Mittelmaß sein, mir war im Grunde alles egal. Also ging ich zur Bundeswehr, weil ich hoffte, dass die dortigen festen Strukturen mir, als eine Art ›Hirntöter‹, Halt geben würden. Tatsächlich tat mir das Eingepresstsein in Disziplin und klare Ordnungen irgendwie gut. Nach einiger Zeit habe ich allerdings begonnen, viel Alkohol zu trinken und Marihuana zu rauchen. Auch Koks habe ich probiert, aber ich glaube, dass Aufputschmittel Hochbegabten nicht so gut bekommen, sie verwenden eher Drogen, die ihre Gedanken und Gefühle beruhigen. Auch Sport, zum Beispiel Kampfsport, Schwimmen und Badminton, ist für mich bis heute ein Beruhigungsmittel.

Ich wäre vielleicht für mehrere Jahre bei der Bundeswehr geblieben, aber da ich auch dort irgendwann in eine Außenseiterposition geriet, stieg ich aus und machte mich selbstständig. Zwar verdiente ich nach kurzer Zeit gut, aber die Tätigkeit machte mir keine rechte Freude, weil ich allein immer am besten und schnellsten arbeiten konnte und nicht verstand, warum der ›Rest der Welt‹ so langsam war und Kunden zum Beispiel ewig brauchten, bis sie einen für mich einfachen Sachverhalt begriffen. Ich fühlte mich isoliert, hatte keine richtigen Freundschaften und versuchte, mir Freunde zu ›kaufen‹. Ich fing wieder an zu trinken und rutschte in eine tiefe Depression ab. Nach und nach konnte ich überhaupt nichts mehr, hielt Termine und Verpflichtungen nicht mehr ein, hatte Schulden, saß stundenlang zu Hause, ohne etwas denken oder entscheiden zu können. Zwei Therapieversuche scheiterten jeweils schon nach der ersten Stunde, weil ich mit den Therapeuten aneinandergeriet. Ich merkte sofort, dass ich sie manipulieren und in Widersprüche und Machtspiele verwickeln konnte. Wenn sie darauf einstiegen, war ich enttäuscht und ging wieder. Am Tiefpunkt angelangt, fasste ich sehr konkrete Pläne, mich umzubringen. Die liebevolle Äußerung eines Verwandten war es, die mir half, mein Leben wieder in den Griff zu bekommen.

Ich wollte unbedingt wieder einen Job und nahm alles an, was sich mir bot: ich arbeitete im Stahlwerk, in einer Reinigungsfirma, in verschiedenen Büros; hier wurden mir immer wieder nach kurzer Zeit leitende Funktionen angeboten, die ich auch annahm, obwohl ich über Einkaufs- oder Rechnungsdisposition nie etwas gelernt habe. Wegen einer neuen Stellung zog ich in eine andere Stadt, aber die Firma ging nach zwei Monaten pleite. Wieder stand ich vor dem Nichts, wieder fehlten gute Freunde – jeder depressive Schub ist wie ein Erdbeben, immer gehen dabei ein oder zwei Freundschaften zu Bruch. Keiner rief mehr an, niemand schien mit mir etwas zu tun haben zu wollen, ich hatte erneut Selbstmordgedanken. Aber die Angst, meine Familie damit zu verletzen, hielt mich davon ab.

Nach zwei Jahren Einsamkeit und Lethargie stieß ich vor einigen Monaten im Internet auf eine Seite für Hochbegabte. Ich las die dortigen Geschichten und sah plötzlich, dass ich nicht allein bin. Jeder von uns wusste nicht, dass es noch einen anderen gibt, ich bin nicht der einzige Mutant! In dieser Zeit habe ich mehr geheult als in meinem gesamten Leben vorher, der Austausch mit anderen Hochbegabten hat bei mir sehr viele Blockaden gelöst, und ich finde langsam wieder die Motivation, rauszugehen und mich auf Stellensuche zu begeben.

Auch in meinen schlimmsten Tiefphasen habe ich nie aufgehört, meinen Wissensdurst zu stillen, und mich mit Archiktektur, Kunst, Geschichte, Politik, Wirtschaft und Philosophie beschäftigt, habe Plato, Freud, Sachbücher über die Antike, Science-Fiction-Literatur und Bücher in altdeutscher Sprache über das Mittelalter gelesen. Meine ›höhere‹ Bildung habe ich mir somit praktisch nebenbei selbst angeeignet. Im Berufsleben werde ich dies sicher nur indirekt einbringen können. Zuerst wird es jetzt für mich darum gehen, überhaupt wieder Fuß zu fassen und in einem normalen Arbeitsalltag einigermaßen bestehen zu können.

Frühe Förderung stärkt Motivation

Bei allen Einwänden gegen das rigide System der ehemaligen DDR muss man im Falle des Schreibers feststellen, dass seine besonderen geistigen Fähigkeiten von Beginn an gefördert und sogar seine Diskussionslust belohnt wurde. Von hiesigen Lehrkräften ist bekannt, dass sie eine zu große Argumentierfreude häufig nicht allzu sehr schätzen oder es zumindest befremdlich finden – insbesondere bei Kindern im Grundschulalter. Betrachtet man die Entwicklung des Verfassers rein unter den Gesichtspunkten der Begabtenförderung, ist ein massiver Einschnitt und Bruch in der Laufbahn mit dem Wechsel des Schulsystems nur allzu deutlich.

Wer Leistungswillen zeigt, macht sich unbeliebt

Sicher spielten auch die familiären Probleme und die große Umstellung durch die Ausreise eine Rolle; allerdings blieben die Leistungen und die Lernfreude des Jungen zunächst auch in Zeiten starker Belastungen in der Familie konstant und verschlechterten sich erst dann dramatisch, als er erkannte, dass Leistung hierzulande nicht »anerkannt, sondern sogar verachtet« wird. Tatsächlich war eine starke Leistungsorientierung seit den Siebzigerjahren sowohl bei Lehrkräften als auch bei SchülerInnen zunehmend negativ besetzt; erst in den letzten Jahren scheint man eine hohe Leistungsmotivation vereinzelt wieder etwas neutraler zu betrachten, d.h. weniger emotional, wertend und ideologisch.

Ein zweiter wichtiger Aspekt in dieser Geschichte ist der plötzliche Wegfall von klaren Strukturen und damit von Orientierung. So erbittert Hochbegabte sich manchmal gegen einengende Verhältnisse zur Wehr setzen, können diese vorübergehend durchaus Halt bieten. Der Verfasser erhielt zudem in dieser Umbruchphase keine Unterstützung und Begleitung, sich neu zu orientieren, was zunächst zu innerem Rückzug und Resignation führte und später zum Aufsuchen fester Strukturen bei der Bundeswehr; als feinsinniger, sensibler und kritischer Mensch konnte er sich hier jedoch nicht langfristig einfügen und versuchte seine Verunsicherung und Unzufriedenheit mit Alkohol und Drogen einzudämmen. Auch Sport bezeichnet er als eines seiner ›Beruhigungsmittel‹. In der Tat wenden viele Hochbegabte bewusst oder unbewusst Methoden an, mit welchen sie ihren unruhigen Geist, ihre emotionale Sensibilität und ihre Nervosität zu dämpfen versuchen. Manche meditieren (obwohl nicht wenige meinen, dass sie dies noch zappeliger und unruhiger mache), manche beruhigen sich mit übermäßigem Essen oder dem Konsum von Drogen, Alkohol, Nikotin oder Medikamenten. Dies ist auch von zahlreichen Künstlerpersönlichkeiten bekannt.

Klare Strukturen sind oft eine Orientierungshilfe für Hochbegabte

»Beruhigungsmittel«: Sport, Meditation, Essen, Drogen

Die nicht (an)erkannte Hochbegabung, der Bruch in der Schullaufbahn, die fehlende Orientierung und soziale Isolation führten in dieser Vita in einer Abwärtsspirale schließlich zu Alkoholmissbrauch, Depressionen und Arbeitsunfähigkeit. Beachtlich ist hierbei, dass der Verfasser dennoch nicht aufgehört hat, sich privat weiterzubilden und seine Interessen zu pflegen.

Das frühe Erkennen und Fördern einer intellektuellen Hochbegabung ist sicherlich eine wichtige, aber vermutlich nicht die einzige Voraussetzung für späteren beruflichen Erfolg. Wer seine Begabungsschwerpunkte früh erkennt, kann seine Fähigkeiten hier ausbauen, sich spezialisieren und leichter eine Entscheidung hinsichtlich der Berufswahl treffen. Eine geradlinige Berufslaufbahn mit entsprechenden Erfolgen muss jedoch für Hochbegabte nicht unbedingt zu dauerhaftem Lebensglück und Zufriedenheit führen. Der Schreiber der vorletzten Geschichte hatte zwar großen beruflichen Erfolg, betrachtete diesen aber mit der Zeit

Hochbegabte setzen individuelle Maßstäbe für Erfolg

immer kritischer und nachdenklicher. Viele Hochbegabte geben sich mit konventionellen beruflichen Erfolgen nicht zufrieden, sie hinterfragen zugrunde liegende Strukturen ihres Arbeitsfeldes, gesellschaftspolitische Zusammenhänge und den Sinn ihrer Arbeit. Oder sie suchen nach Veränderungen, neuen Herausforderungen und besseren Gestaltungs- und Ausdrucksmöglichkeiten. Einige Hochbegabte steigen sogar auf dem Höhepunkt ihrer Karriere aus, geben Sicherheiten auf und wenden sich völlig neuen Tätigkeiten und Lebensformen zu, die ihrem Bedürfnis nach Vielfalt und Kreativität entsprechen.

Das Verkennen oder Ignorieren einer Hochbegabung im Kindes- und Jugendalter muss umgekehrt nicht zwangsläufig zu späteren beruflichen Misserfolgen führen, erhöht aber beim Zusammentreffen mehrerer ungünstiger Bedingungen sicher die Wahrscheinlichkeit des Scheiterns.

4. Schwierige Verhältnisse

Was geschieht, wenn Kinder in ihrer Hochbegabung nicht nur verkannt werden, sondern überdies unter extrem schwierigen familiären und sozialen Bedingungen aufwachsen? Dies ist eine hochkomplexe Fragestellung, die nicht nur psychologische, sondern auch philosophische Überlegungen aufwirft. »Es bleibt für immer eine ungelöste Frage«, schreibt C. G. Jung, »ob das Leiden mehr erzieht oder mehr demoralisiert.« In meinem Buch »Jenseits der Norm« versuchte ich der Frage nachzugehen, wie hochbegabte Kinder großes Leid, starke familiäre Belastungen und traumatische Erfahrungen verarbeiten und ob sie sich darin von anderen unterscheiden. Ich selbst kann aus persönlicher Erfahrung sagen, dass ich durch meine übergroße Sensibilität leidvolle Erlebnisse extrem stark wahrgenommen habe, es jedoch andererseits meine Begabungen waren, die mich davor bewahrten, an diesen Erlebnissen zu zerbrechen. Schon als Elfjährige begann ich zu schreiben, zu musizieren und Theater zu spielen; dies bot mir die Möglichkeit, meine Not zum Ausdruck zu bringen und

Begabung als Zuflucht

meinen Gefühlen eine Form zu geben. Und ich fand, gleichsam als Gegengewicht zu den destruktiven Verhältnissen, in denen ich zeitweilig aufwuchs, den Trost, etwas erschaffen und gestalten zu können. Diesen mitunter fast verzweifelten Gestaltungswillen entdecke ich in vielen Künstlerbiografien sowie in den Lebensgeschichten Hochbegabter mit schwieriger Vergangenheit.

Natürlich kann dieser Gestaltungswille unter extremen anhaltenden Belastungen selbst bei den begabtesten Persönlichkeiten stark beeinträchtigt, verdeckt oder zerstört werden, und es gelingt ihnen nicht, ihre Hochbegabung zum Ausdruck zu bringen. Allerdings habe ich in meinen therapeutischen Behandlungen oft erlebt, dass auch Hochbegabte mit schwersten Störungen sich verblüffend gut erholten, wenn wir uns darauf konzentrierten, die verschütteten Begabungen aufzuspüren und in die Tat umzusetzen. Eine Klientin mit den Diagnosen Asperger-Syndrom, ADHS und schwere depressive Störung, die keine Schul- und Berufsausbildung abschließen konnte, arbeitet nun als Autorin und ist hierbei trotz weiterhin vorhandener Beschwerden zufrieden und bereits relativ erfolgreich. Eine andere Klientin war von ihrer Bulimie und ihren Depressionen weitgehend befreit, nachdem sie ihre Hochbegabung erkannt und ein Studium begonnen hatte. Ein weiterer Klient absolvierte nach seinem Schulabbruch und zweijähriger Depression per Fernstudium sein Abitur mit sehr guten Noten und studiert nun ebenfalls.

Kreativität als Gegengewicht zu destruktiven Verhältnissen

Zumindest kann in einer geeigneten Therapie oftmals erreicht werden, dass die Betroffenen mit ihren Schwierigkeiten besser umgehen und sie durch die Freude am Produktivsein, also das Umsetzen ihrer Begabungen, Erfolgserlebnisse verzeichnen können.

Bei der nun folgenden Geschichte einer hochbegabten und hoch sensiblen Frau fühlte ich mich jedoch manchmal an die Fehlmeldung aus einer Zeitschrift erinnert: »Trotz Therapie kann Heilung nicht verhindert werden.« Die Verfasserin wuchs mit einem alkoholabhängigen Stiefvater, einer emotional kalten Mutter und zwei behinderten Geschwistern ohne jede Förderung auf. Beide Eltern neigten zu Gewalttätigkeiten, und die Schreiberin

Hochbegabte übernehmen die Helferrolle in Familien

übernahm, wie ich es bei vielen hochbegabten Kindern beobachte, eine helfende, vermittelnde und schützende Rolle in der Familie. Auch bei ihr findet sich das Motiv einer übermäßigen Feinfühligkeit und Ängstlichkeit, die einem großen Mut gegenübersteht, sich für andere einzusetzen, sich gegen Autoritäten aufzulehnen oder der eigenen Neugier zu folgen. Und auch sie sucht und findet immer wieder Zuflucht in ihren Begabungen, nämlich dem Musizieren, Komponieren und Schreiben; zudem gelingt es ihr, ihre ausgeprägten emotionalen und psychologischen Fähigkeiten später im Berufsleben einzusetzen. Auffallend und bewundernswert an dieser Geschichte ist auch die Hartnäckigkeit, mit welcher die Schreiberin sich aus eigenem Antrieb selbst das Lesen, Gitarrespielen und die deutsche Sprache beibringt; mit der sie sich gegen den Besuch der Sonderschule zur Wehr setzt und sich später einen eigenen Therapieplan auferlegt.

»Trotz – oder wegen – aller Widersprüche fühle ich mich reich«

Manchmal kann ich mich des eigentümlich zwingenden Eindrucks nur schwer erwehren, bereits 160 Jahre zu leben. Nicht etwa, weil ich mich so alt fühle, sondern ich mein Auf-der-Welt-Sein so verdichtet ereignisreich erlebe. In meinem Kopf geht es dabei ständig zu wie in einem willentlich nicht abzustellenden Radio. Über die Antennen werden hierbei unentwegt neue Themen empfangen, anschließend verknüpft, verworfen, durchdacht, neu aufgegriffen, geschmückt, entkleidet, interpretiert, analysiert, integriert und reproduziert. Meistens plärren mehrere Sender auf einmal oder unmittelbar nacheinander und bringen mir so die neuesten Nachrichten, Musik, Ideen, Philosophisches, Nachdenkenswertes, Gruseliges, Schönes, Interessantes und, über die Verknüpfungen mit meinen Emotionen, auch eine reiche Fülle an Empfindungen.

Für mich ist es einfach ›mein Leben‹ und damit auch meine Normalität. Es war aber nicht immer so, dass ich meine Lebensgeschichte als normal ansehen konnte, dafür war sie im Vergleich mit den meisten Menschen doch wieder zu wenig normal. Ich habe viel Zeit damit verbracht, meine ›Schuld‹ an den Schwierigkeiten im Leben sowie meine neurotischen Strukturen zu suchen und zu analysieren – vielfach (nicht immer!) ergebnislos und unbefriedigend. Das Aufdecken und Anerkennen meiner Hochbegabung vor drei Jahren hat der Suche zwar kein schlagartiges Ende gesetzt, trug aber erheblich zum Frieden mit und in mir bei. Könnte ich heute das Rad der Zeit noch einmal zurückdrehen, dann würde ich mir sicher das frühe bewusste Wissen um meine spezifische kognitive Beschaffenheit und die daraus resultierenden Eigenschaften wünschen.

Vor nicht ganz 50 Jahren wurde ich als uneheliches Kind einer noch recht jungen Serviererin geboren. Da mein späterer Stiefvater ausländischer Herkunft war, erfolgte die Übersiedlung in sein Heimatland. Dort besuchte ich den Kindergarten und sechs Jahre die Grundschule. Mein Stiefvater erzählte, dass er die vierte Klasse übersprungen habe, mit 14 Jahren aus dem Elternhaus geworfen worden sei, und es scheint nicht abwegig, dass ihn seine eigene Lebensgeschichte in den missbräuchlichen Alkoholkonsum getrieben hat. Meine Mutter war eine intelligente Frau, die sehr rasch rational Zusammenhänge herstellen konnte, aber emotional verkümmert war.

Im Abstand von jeweils 22 Monaten bekam ich noch drei Geschwister, von denen zwei eine geistige Behinderung hatten.

Im frühen Kindesalter zeigte ich extreme Angstreaktionen, wenn Geräusche zu laut waren oder mich einfach nur aus meinen Beschäftigungen herausholten. Auch zu grelles Licht oder rasch aufeinander folgende Lichteffekte konnten mich penetrant stören. Menschengruppen waren mir ein Gräuel, genauso wie das körperliche Getätschel alter Damen. Wenn sie zudem meinen Namen verunstalteten, weil ihnen Verniedlichungen adäquater als Ansprache für ein Kind erschienen, korrigierte ich sie, weil mich die dahinterstehende Künstlichkeit anwiderte und ich mich davor fürchtete. Meine Mutter erkannte sehr früh meine besondere Aufnahmefähigkeit und Sensibilität für Schwingungen aller Art. Gab es z. B. ein Erdbeben Hunderte von Kilometern entfernt, reagierte ich auf Ausläufer der Erschütterungen, die für andere Menschen kaum oder gar nicht wahrnehmbar waren, wie ein angstvolles Tierchen. Diese hohe Empfindlichkeit ist bis heute nicht verschwunden und fordert auch ihren Preis. Sei es beim Bus-, Zug- und Bootfahren oder beim Fliegen – überall dort, wo zwangsläufig fremde

Schwingungen körperlich auf mich einwirken, reagiere ich instinktiv mit Anspannung, Furcht, dem drängenden Wunsch, mich entfernen zu wollen, und mit Übelkeit oder Kopfweh bei atmosphärischen Einflüssen.

Da meiner Mutter im Laufe ihres Lebens ein Großteil ihrer emotionalen Schwingungsfähigkeit abhanden gekommen war, machte sie sich meine zunutze, weil sie im Hinblick auf andere Menschen oft unsicher war. Ob es eine Transaktion mit einem Bankangestellten, Verhandlungen mit einem neuen Versicherungsvertreter oder neue Bekannte waren, die sie nicht einschätzen konnte, immer wurde ich dazugeholt. Sie verließ dabei sich ganz auf meinen ›Spürsinn‹, der ihr sagen konnte, ob jemand vertrauenswürdig und ehrlich war oder nicht.

Nicht zuletzt durch die besondere Stellung, die ich darüber erfuhr, mischte ich mich, soweit es mir möglich war, in die Angelegenheiten anderer ein und belehrte sie in altkluger Manier. Das wiederum führte zu sehr ambivalenten Verhaltensweisen aller Erziehungspersonen, da sie mich oft zurechtwiesen, ich aber andererseits häufig recht hatte. Dieser ambivalente Umgang mit mir verunsicherte mich derart, dass ich auf Dauer ständig zwischen den beiden Polen, etwas Besonderes zu sein oder eine geistige Behinderung zu haben, pendelte.

Da ich wahnsinnig gerne Geschichten hörte, aber meine Mutter meistens keine Zeit hatte sie vorzulesen, lernte ich das Lesen selbst. Was ich nicht verstand, fragte ich im Kindergarten nach und konnte so vierjährig selbstständig lesen. Im Kindergarten hielt ich mich weitestgehend von Gruppen fern, da mir Streitereien, Gerempel und Geschreie Angst machten. Ich saß oft in meiner Deckenhöhle und malte, puzzelte, bastelte oder las Bücher.

In der Schule langweilte ich mich meistens. Es wurde in dieser Zeit zudem immer offensichtlicher, dass ich trotz meiner großen Ängstlichkeit auch forsch und mutig Ziele verfolgen konnte, wenn mich etwas besonders reizte. Eines Tages legte ich mich zum Beispiel auf dem Schulhof rücklings auf den Boden, um der vorbeigehenden Ordensschwester unters Kleid schauen zu können. Ich hatte mich lange gefragt, was sie wohl darunter tragen würden, und auf direkte Fragen keine Antworten bekommen. Die größten Herausforderungen in der

Grundschule erlebte ich jedoch in den Machtkämpfen gegen rigide, für mich nicht einsehbare Regeln, wie z. B. in der Bank sitzen zu müssen mit überkreuzten Armen und einem Zeigefinger vor dem Mund. Bereits damals sah ich außerdem keinen Sinn darin, etwas auswendig zu lernen. Vielmehr wollte ich Informationen, um sie mit meinen eigenen Gedanken verbinden zu können. Ich konnte übrigens rechts- und linkshändig schreiben, auch in hoher Geschwindigkeit spiegelverkehrt.

Wurde es zu laut und unruhig in der Klasse, machte ich mir manchmal in die Hose, begleitet von der Hoffnung, es würde niemand die peinliche Urinlache auf dem Boden entdecken. Aber wenn jemand willkürlich und ungerecht behandelt wurde, stand ich wie selbstverständlich auf und versuchte so lange und beharrlich, die Lehrerin davon zu überzeugen, bis ich mich still in eine Ecke stellen musste. Ansonsten hing ich in der Schule sehr gern und viel meinen Tagträumen nach. Meine Schulleistungen waren zumeist durchschnittlich, außer bei einer Lehrerin, die mich nicht erzog, keinen Druck auf mich ausübte und die ich als ehrlich empfand. Bei ihr wurde mein Ehrgeiz wach, sodass mir sehr gute Leistungen leichtfielen.

Nach erneuter Übersiedlung nach Deutschland sollte eine Einschulung in die Sonderschule erfolgen, da meine Mutter der Überzeugung war, dass ich aufgrund fehlender Sprachkenntnisse überfordert sein müsste. Außerdem glaubte sie, ich sei zu sensibel und bräuchte einen geschützten Rahmen. Obwohl ich selbst längst glaubte, auch eine geistige Behinderung zu haben, wehrte ich mich, denn ich fühlte mich unter Sonderschülern trotzdem deplatziert. Ich setzte mich durch und begann mit einem eigens auferlegten Selbsttraining, indem ich mir selbst mehrere Romane wöchentlich laut vorlas. Mein Plan wurde rasch mit Erfolg belohnt, denn innerhalb von zwei Monaten sprach ich akzentfrei und fließend Deutsch und schrieb fast fehlerfrei. Auch in der neuen Schule fiel ich rasch durch meine Art auf, andere über pantomimische Akrobatik und gezielte Schlagfertigkeiten zum Lachen zu bringen. Die Clownerien halfen mir, mich beliebt zu machen und zu zeigen, dass ich nicht nur das oft abgewertete ›Schläuken‹ war.

Ich war sehr sportlich und gehörte in den leichtathletischen Disziplinen immer zu den Schulbesten. Aber auch in diesem Bereich gab es merkwürdig widersprüchliche Verhaltens- und Reaktionsweisen, denn beim Geräteturnen blieb ich regelmäßig zitternd und weinend auf dem oberen Barren sitzen. Alle sportlichen Aktivitäten, in denen Schnelligkeit gefragt war, machten mir Freude und stachelten meinen Ehrgeiz an. Beim Badminton spielte ich, zum Grauen meiner Gegner, schon mal mit der linken und rechten Hand abwechselnd. Wenn aber Techniken einstudiert wurden oder Rücksicht auf die Langsameren genommen werden musste, ermüdete ich schnell. Nur das Schnelle und das, was auf Anregung spontan aus mir selbst heraus produziert wurde, regte mich an und konnte mich zu Höchstleistungen bringen. Diese Auffälligkeiten entsprechen auch meiner Art, gedanklich Zusammenhänge herzustellen. Am erfolgreichsten bin ich dabei, wenn ich mich auf den Bruchteil des Augenblicks verlasse, in dem ich einen Impuls bekomme. Die Verbindungen und Ergebnisse formieren sich dann spontan und wie von selbst. Sobald mich jemand oder die Umstände allerdings zur Bedächtigkeit und langsamer Konzentration nötigen, verliere ich mich im Wust an Informationen und werde müde.

In der Familie fühlte ich mich zeitlebens heimatlos und deplatziert, obwohl ich dort ein enorm hohes Maß an Leistung brachte, indem ich die geistig behinderten Geschwister förderte und vor den Schlägen der Mutter schützte sowie die Mutter vor den Gewalttätigkeiten des Vaters. Ich fand zwar in der Verantwortungsübernahme einen Sinn für mich, litt aber darunter, dass wir scheinbar unterschiedliche Sprachen zu sprechen und überhaupt aus völlig verschiedenen Welten zu stammen schienen. Eine sehr innige und lebendige Beziehung zu Gott stützte mich bis etwa zum 15. Lebensjahr und half mir, die quälende Seite der Einsamkeit inmitten vieler Menschen zu überwinden. Am wenigsten einsam fühlte ich mich jedoch, wenn ich allein war und meinen Gedanken und Interessen ungestört nachgehen konnte. Alles, was nur irgendwie lesbar war, verschlang ich, und in unbeobachteten Momenten ›stahl‹ ich auch Bücher aus dem elterlichen Schrank, die uns Kindern zu lesen nicht erlaubt waren. Krimis, Western, Jules Verne, Tolstoi, Schiller, Goethe, medizinische Fachbücher … alles regte mich an und ließ mich eine Welt erleben, in der ich mich wiederfinden konnte. Am liebsten hörte ich Violinkonzerte von J. S. Bach und glaubte deshalb verrückt zu sein, weil keiner meiner Altersgenossen das tat. Natürlich lernte ich auch die Lieder der Hitparade kennen, um bei Gleichaltrigen mit meinem Verrücktsein nicht aufzufallen. Da ein Austausch über meine Gedanken nicht möglich war, denn meine Eltern empfanden sie als Vorboten ›brotloser Künste‹, schrieb ich sie in Form von Geschichten und Gedichten nieder. Dies gab mir die Möglichkeit, meine Gedanken zu sortieren, zu strukturieren und mich selbst besser zu verstehen. Klavierspielen war ein Traum, der es auch bleiben sollte, da mein Vater den Unterricht nicht bezahlen konnte. Also lieh ich mir stattdessen eine alte Gitarre und brachte mir selbst das Spielen bei. Ich schrieb und komponierte viele Lieder, in denen meine Sehnsüchte und Wünsche ihren Ausdruck finden konnten.

17-jährig unternahm ich einen Suizidversuch mit Beruhigungsmitteln. Meine Ängste waren mir unerträglich geworden, und ich war der festen Überzeugung, niemals irgendwo heimatlich ankommen zu können. Außerdem hatte ich festgestellt, dass es den meisten Menschen an Ehrlichkeit und Echtheit fehlte. Meine Illusion, es würde mir besser gehen, wenn ich mein Elternhaus endlich verlassen konnte, platzte damit wie eine Seifenblase. Mein damaliger Abschiedsbrief:

Schmerzliches Miteinander

Häufig leide ich an der Lieblosigkeit und der Feindseligkeit
Dann versuche ich noch ein kleines Stück Hoffnung zu retten, aber...
es findet keinen Halt mehr und verschwindet in einem Meer tosender Angst und Traurigkeit.

Häufig leide ich an der Feigheit und der Mutlosigkeit
Dann schlage ich um mich und weiß doch, dass mich niemand versteht... und übrig bleibt ein verletztes Herz, das fest umklammert wird von frostiger Kälte.

Häufig leide ich an der Heuchelei und der Verlogenheit
Dann verliere ich das Vertrauen, und ich weiß nicht, wo ich es wiederfinden kann, denn eine Wüste unendlicher Einsamkeit und Leere breitet sich in mir aus.

Häufig leide ich an dem Egoismus und der Unverlässlichkeit
Dann fällt es mir sehr schwer, den Glauben, die Liebe und ein wenig Freude zu bewahren, weil Verletzung und Ablehnung allmählich jede

Lebendigkeit in sich hineinfressen und nur tödliches Schweigen ausspucken.

Häufig leide ich an der Ungerechtigkeit und Verständnislosigkeit
Dann rufe ich es hinaus und merke, dass es niemand hören will ... und so verliert sich langsam der Sinn aus meinen Augen und hinterlässt traurige Müdigkeit und schleichendes Sterben.

Ich wollte nicht schleichend und leidend sterben, sondern es selbst in die Hand nehmen. Dass ich es überlebte, habe ich dem Umstand zu verdanken, dass meine Schwester an diesem Tag früher nach Hause gekommen war. Ich hatte mir großen Schaden zugefügt, wie sich nach dem Aufwachen aus dem einwöchigen Koma herausstellte. Fast ein halbes Jahr brauchte es, bis ich wieder einigermaßen schwindelfrei leben konnte. Ich hatte also höchst einschränkende Gleichgewichtsstörungen, die meine psychische Verfassung widerspiegelten.

Da ich in meiner Vorstellung mit meinen Ängsten kaum Überlebenschancen hatte, musste etwas geschehen, und da ich außerdem niemandem zutraute, mir helfen zu können, musste ich mir selbst etwas einfallen lassen. Ich stellte mir also einen ›verhaltenstherapeutischen Plan‹ auf: Über fast zwei Jahre hinweg forderte ich mich jeden Tag mit einer neuen Aufgabe heraus, um meine Ängste zu bewältigen. Des Weiteren nahm ich mir vor, so zu leben, dass ich zu jeder Zeit gelassen sterben konnte. Dazu gehörte für mich Geordnetheit in allen Lebenslagen und sozialen Kontakten, das heißt, so zu leben, dass ich darin nichts schuldig blieb. Bis heute lebe ich nach diesem Prinzip und es hat die größte Stabilität in mein bewegtes Leben gebracht, weil damit ein Gegengewicht zum oft chaotisch überflutenden Denken geschaffen war. Und schließlich meldete ich mich auch noch beim Kampfsport an. Wenn ich mich körperlich selbst verteidigen könnte, wäre ich auch diesbezüglich niemandem mehr hilflos ausgeliefert, dachte ich damals. Das gesamte ›Trainingspaket‹ zur Überwindung meiner Ängste fruchtete, und ich bekam zunehmend den Eindruck, überlebensfähig zu werden. Eine hohe innerpsychische Verletzbarkeit und die Unfähigkeit, mich gegen Gemeinheiten adäquat zur Wehr zu setzen, blieben jedoch noch jahrzehntelang hartnäckig bestehen.

Natürlich hatte ich mir auch Gedanken über meine Berufswünsche gemacht. Priorität hatte bei meinen Überlegungen der Wunsch, Philosophie zu studieren. Geimpft durch meine Eltern, die auch das als ›brotlosen Firlefanz‹ ansahen, nahm ich letztendlich davon Abstand; Biologie, Psychologie und Medizin interessierten mich ebenso. Ein Praktikum im Krankenhaus sollte meine Vorbereitung für das Medizinstudium werden. Wieder zeigte ich extreme Reaktionen bei der Konfrontation mit dem Leid anderer Menschen. Ich litt unter Albträumen und Depressionen und weinte mit den Patienten, wenn sie Schmerzen hatten. Es wurde schnell deutlich, dass eine medizinische Laufbahn sich nicht mit meiner mangelnden Abgrenzungsfähigkeit vereinbaren ließ, wollte ich mich nicht auf diese Weise selbst zerstören. Schließlich absolvierte ich eine Ausbildung im medizinischen Bereich und arbeitete dort ein paar Jahre, um finanziell unabhängig von meinen Eltern zu werden.

Ich holte das Abitur nach und begann ein Psychologiestudium. Da ich immer den Hang hatte, mich älteren Menschen anzuschließen, von denen ich etwas lernen konnte, nahm ich eine Assistententätigkeit bei einer Professorin an, die ich bewunderte wegen ihrer hohen fachlichen Kompetenz und ihrer schonungslosen Gradlinigkeit. Ich übertreibe sicher nicht, wenn ich behaupte, dass sie mir in gewisser Hinsicht ein Stück Leben gerettet hat. Zum ersten Mal erfuhr ich, dass meine Gedanken keine ›brotlosen Künste‹ waren, nicht zwangsläufig andere überanstrengen mussten und das Denken für sich außerdem eine hohe Qualität besaß. Sie war eine äußerst kritische Denkerin, die kein Blatt vor den Mund nahm, wenn sie von etwas überzeugt war. Bei ihr fühlte ich mich endlich beheimatet, was bis zum heutigen Tag anhält. Aber auch unter den Studenten fühlte ich mich zugehörig, insbesondere zu einer Kommilitonin, die dieselben Neigungen wie ich selbst zu haben schien. Wir konnten stundenlang über alles, was wir entdeckten, sahen, dachten und fühlten, philosophieren. Das Beeindruckendste jedoch war, dass sie mir beibrachte, wie man fluchte und schimpfte, was mir zuvor kaum möglich gewesen war. Durch den Kontakt mit ihr erfuhr ich ein wenig mehr Bodenständigkeit, obwohl ich mir von anderen Mitstudenten immer noch anhören musste, ›ständig über den Dingen zu schweben‹.

In einem Seminar des Fachbereiches Psychologie ließ ich mich, ich war 26, dazu überreden, einen IQ-Test mitzumachen. Obwohl ich insgesamt wenig Ahnung von der Aussagekraft solcher Tests hatte, wertete ich sie bereits im Vorfeld ab. Trotzdem machte ich mit, auch weil mich die Aufgaben darin spielerisch reizten. Nach der Auswertung jedoch, die ein Ergebnis von 145 Punkten zeigte, war mir klar, dass solche Tests tatsächlich unsinnig sein müssen. Mich ergriff ein panisches Gefühl, ich stand auf, zerriss den Test samt Ergebnis und warf ihn in den Papierkorb. Ich beschäftigte mich vorerst nie wieder mit IQ-Tests. Das Studium beendete ich mit der Note ›Sehr gut‹.

Mir war früh klar, dass ich mich für eine untergeordnete Position im Arbeitsleben wenig eignete. Immer noch waren mir Autoritäten zuwider, es sei denn, sie zeigten ein hohes Maß an Kompetenz und menschlichen Qualitäten. Mir war aber auch klar, dass es solche Menschen selten gab, und so wollte ich lieber selber eine Führungsposition besetzen, als mich unterwerfen zu müssen. Ich dachte auch, dabei mehr Möglichkeiten zu haben, meine vielen Ideen besser verwirklichen zu können. So übernahm ich ohne jegliche Führungserfahrung die Leitung einer Bildungseinrichtung. Die größte Herausforderung in den ersten Jahren war wohl die, dass ich lernen musste, meine eigenen Ansprüche nicht als Maßstab aller Dinge zu sehen. Das war ein sehr schwieriges Unterfangen, weil ich davon ausging, dass alles, was ich selbst konnte, auch von anderen zu leisten war, wenn sie nur wollten.

Während der Tätigkeit in dieser Einrichtung absolvierte ich drei weitere Zusatzausbildungen und ein Soziologiestudium. Heute arbeite ich mit suchtkranken Menschen aus allen sozialen Schichten (und alle Suchtbereiche betreffend: Drogen, Alkohol, Spielsucht, Bulimie, Magersucht, Tabletten und polytoxe Abhängigkeiten). Diese Arbeit fordert mich an manchen Tagen bis an die Grenzen der Belastbarkeit – aber genau das ist das Spannendste daran. Jeden Tag neue Herausforderungen, erschütternde Schicksale und jeden Tag die bange Frage, ob wir es miteinander schaffen, ob ich genug verstehen kann, um eine konstruktive Zusammenarbeit gewährleisten zu können. Ich lerne Menschen und deren abgründige, traurige, erschütternde Welten kennen und erfahre über sie, was ich weder in meinem Alltag noch aus den besten Fachbüchern lernen kann.

Vor neun Jahren begann ich eine Psychoanalyse, die ich nach etwa 320 Stunden abbrach, weil ich die dauernden fruchtlosen Streitereien mit der Analytikerin nicht mehr aushielt. Zu Beginn der Behandlung wurde ich nach meiner Zielsetzung gefragt und antwortete spontan, ich wolle »noch perfekter« werden. Wen wundert es da, dass ich mit einer Diagnose belegt wurde, die mich schwer kränkte und aus der ich aufgrund der Definitionsmacht des Therapeuten keinen Ausweg fand. So fügte ich mich oberflächlich und arbeitete am Abbau meiner ›narzisstischen Persönlichkeitsstörung‹. Meine übertrieben zur Schau gestellte Souveränität und immer noch ›altkluge‹ Selbstdarstellung mögen erheblich zu der kränkenden Diagnose beigetragen haben. Aus meiner heutigen Sicht würde ich als Ziel formulieren, dass ich lernen wollte, mich konzentrieren zu können, um in einzelnen Disziplinen mein gesamtes Leistungsspektrum entfalten zu können. Im Grunde habe ich immer noch dasselbe Ziel, würde aber sicher keine narzisstische Störung mehr bei mir vermuten. Die nach außen vertretene und zur Schau gestellte Neutralität der Analytikerin machte mir schwer zu schaffen. Ich spürte, hörte und bemerkte in winzigsten Nuancen ihrer Stimme, Mimik und ihrem Geruch, wenn sie beteiligt, also keineswegs neutral war, und wollte meine Wahrnehmungen abgesichert wissen. Daraus resultierten endlose Auseinandersetzungen, die mich enorm belasteten, und ich brach die Analyse ab. Eine erneute Therapie endete nach kurzer Zeit wegen ähnlicher Differenzen. Danach habe ich keinen Therapieversuch mehr unternommen, weil mir das Vertrauen in Therapeuten verloren gegangen war. Es wäre aber nicht richtig, wenn ich behaupten würde, ich hätte nichts als schlechte Erfahrungen dort gemacht. Zumindest habe ich lernen können, bestimmte Emotionen zu identifizieren und schneller bewusst wahrzunehmen. Nicht zuletzt aus diesem Grund kann ich heute im Kontakt mit anderen Menschen besser ›bei mir‹ bleiben und habe bessere Möglichkeiten der Abgrenzung gefunden. Eine gezieltere Konzentrationsfähigkeit, also mich nicht permanent von allen möglichen Einflüssen von außen ablenken zu lassen und von einem zum anderen interessanten Thema zu springen, habe ich leider nicht gelernt, und aus diesem Grund habe ich es trotz vielfältiger Begabungen niemals irgendwo zur Höchstleistung geschafft.

Bei einem Streit mit nahestehenden Menschen verliere ich mich sehr schnell im Chaos meiner eigenen Gedanken, wenn ich damit beschäftigt bin, alles, was gesagt wurde, gegeneinander abzuwägen und auf Schlüssigkeit zu prüfen; wenn ich mich selbst und den anderen analysiere und noch schaue, wie ich meine eigenen Argumente anbringen kann, ohne zu verletzen. Heute gelingt es mir meistens mitzuteilen, wie es um mich steht. Ich muss hier besonders auf mich achten, da ich emotional sehr heftig reagiere, wenn die Gefühle einmal freigesetzt werden. Gut meinende Ratschläge, wie »du musst dir nicht immer alles so zu Herzen nehmen«, »lass dir alles am Buckel herunterrutschen« oder »schaff dir ein dickeres Fell an«, wie ich sie seit Kindheitstagen höre, nutzen mir da nichts.

Vor gut drei Jahren suchte ich eine Beratungsstelle auf, um mich wegen einigen Unklarheiten, die meine Arbeit betrafen, beraten zu lassen. Ich wusste nicht, dass die Psychologin und ihr ebenfalls anwesender Kollege hochbegabt waren. Sicher hätte es mich zu dem Zeitpunkt auch kaum interessiert. Nach dem sehr guten Beratungsgespräch wurde ich unvermittelt gefragt, ob ich schon mal darüber nachgedacht habe, dass ich hochbegabt sein könnte. Ich verneinte kategorisch und wehrte mich vehement, so als würde man mir etwas zuleide tun wollen. Leichter hätte ich in dem Moment ertragen, sie hätten meine Verhaltensweisen infrage gestellt, denn daran hätte ich arbeiten können. Nachdem die beiden Psychologen mich darüber aufklärten, wie sie zu ihrer Schlussfolgerung kamen, und ich möglicherweise aufgrund meiner Hochbegabung immer wieder dieselben Schwierigkeiten erlebte, horchte ich dann doch interessiert auf. In der Folge ergab ein neuerlicher Test ein Ergebnis von 147, was mich zutiefst erschütterte. Traurigkeit und Verzweiflung hielten mich tagelang gefangen, und Bemerkungen einer Freundin, die die neuen Erkenntnisse wunderbar fand, konnten mich nicht im Mindesten trösten. Bis ich versuchte, den Gründen für meine Erschütterungen in Ruhe nachzugehen. Ich fand heraus, dass auch ich, wie viele andere Menschen, mir alle Hochbegabten als Wunderkinder vorstellte. Ein Wunderkind war ich aber nicht und wollte auch niemals eins sein. Dafür hatte ich zu viel Zeit, Mühe und Energie benötigt, so normal wie irgendwie möglich zu erscheinen, was mir sicher nur bedingt gelungen ist. Die Vorstellung aber, zur Klasse der ›Wunderkinder‹ zu gehören, hatte in mir spontan horrende Ansprüche freigesetzt. Ich musste erst verstehen, dass es wieder einmal meine eigenen Maßstäbe waren, die mich narrten, und keine Ansprüche, die von außen an mich herangetragen wurden.

Mir leuchtete auf einmal ein, wieso ich immer ein Besserwisserkind gewesen und wieso es mir gelungen war, meine marode Ursprungsfamilie zusammenzuhalten. Ich brauchte mir nicht mehr vorzuwerfen, dass ich ständig Beschäftigung und Herausforderungen suchte und mir deshalb nicht immer genügend Zeit blieb für meine Freunde. Es wurde mir klar, warum ich MitarbeiterInnen mit meinem eigenen Maßstab hatte überfordern müssen, und es passte ins Bild, dass ich immer gerne schnelle Autos fuhr und manchmal bis ins Extrem austestete, wie weit ich die Schnelligkeit beherrschen konnte. Es beruhigte mich nun zu merken, woher mein immerwährendes Gefühl, ›reich‹ zu sein, kam.

Nach 18 Jahren Ehe erfolgte die Scheidung von meinem Mann. Wir lebten drei Jahre getrennt, dann entschieden wir uns zu einer erneuten Heirat und merkten schnell, wie sehr das Wissen um die Hochbegabung unsere Beziehung entlastete. Mein großer Freiheitsdrang und andere Eigenwilligkeiten, wie z. B. dauerndes Beschäftigtsein mit unterschiedlichsten Dingen, die mein ganzes Interesse fordern und dadurch bedingte Rückzüge, konnten nun klarer zugeordnet werden. Auch eine gewisse Scheu vor körperlichen Berührungen wegen der Hautempfindlichkeit und weil mein Körper, einem Vulkan ähnlich, ständig einen hohen Pegel an Wärme zu produzieren scheint, brauchte nun nicht mehr als mangelndes Interesse am Partner interpretiert zu werden. Alles in allem gibt es ein wesentlich erträglicheres Maß an ›Distanz in der Nähe‹, also mehr Freiheit, sodass sich viele Anlässe für Streitereien quasi in Luft aufgelöst haben.

Das Wissen um die Hochbegabung hat auch seinen Preis. Wer ausgestattet ist mit vielen Begabungen, derer er/sie sich bewusst ist, muss sich in einer Welt, in der Menschen meistens weniger vielfältig sind, als etwas Besonderes fühlen. Im Augenblick des Wissens um die Hochbegabung und erst recht wenn man zu anderen Artgenossen Kontakt aufgenommen hat, relativiert sich vieles. Auf den Status des Besonderen muss man dann zwangsläufig verzichten. Andererseits verliert sich ebenso das Gefühl, nicht in Ordnung oder gar behindert zu sein.

Bis heute bin ich ein sehr widersprüchlicher Mensch geblieben. Einerseits wirke und bin ich souverän und selbstsicher, da ich viele Fähigkeiten besitze. Andererseits bin ich in gewisser Weise schüchtern und ängstlich geblieben, auch wenn ich durchaus auf Menschen zugehen kann. Allen unangenehmen Seiten der Widersprüche zum Trotz oder vielleicht sogar gerade deshalb erlebe ich mich mit einem großen Reichtum gesegnet, auf den ich nicht verzichten möchte.

Zu einem großen Teil waren es sicherlich die künstlerischen, intellektuellen und sensitiven Begabungen, welche die Schreiberin vor dem Schlimmsten bewahrt bzw. ihr geholfen haben, aus schweren Lebenskrisen wieder herauszufinden und ihre seelischen Verletzungen zu bewältigen. Es ist schwer zu sagen, ob die Verfasserin ihr Vermögen, sich übermäßig in andere einzufühlen, bereits von Geburt an mitgebracht oder aus der Not heraus erworben hat, sich um ihre Familie kümmern zu müssen. Viele Hochbegabte beschreiben das Gefühl, Leid von anderen so stark wie ihr eigenes zu erleben und sich schwer davon abgrenzen zu können. Dies ist, wie im obigen Beispiel, zugleich eine Last und eine Gabe, welche die Betroffenen nicht selten zu besonderen sozialen und beruflichen Leistungen befähigt.

(Über)Großes Einfühlungsvermögen als Gabe und Last

In der folgenden Geschichte geht es ebenfalls um das Ausloten von Grenzen im Denken, Fühlen und Handeln und um den schwierigen Balanceakt, nach traumatischen Kindheitserlebnissen als Hochbegabter, der mit starker Empfindungsfähigkeit und großer Neugier an grenzüberschreitenden Erfahrungen ausgestattet ist, seinen Weg zu finden. Die Schilderungen beginnen mit Zitaten aus dem Therapiebericht des jungen Mannes, dem von seinem Therapeuten eine Borderline-Störung attestiert wurde. Diese Diagnose findet man nach meinen Beobachtungen bei vielen Hochbegabten, die in der Kindheit Traumata erlitten haben (also Opfer körperlicher und seelischer Gewalt wurden), wobei die Hochbegabung selbst oftmals unerkannt bleibt. ›Borderliner‹ könnte man vereinfacht mit ›Grenzgänger zwischen Wahn und Wirklichkeit‹ übersetzen. Die klinische Psychologie spricht beim

Borderline-Syndrom bei Hochbegabten

Borderline-Syndrom von einer Störung im Grenzbereich zwischen Psychose und Neurose. Die Betroffenen gelten als emotional instabil und impulsiv, leiden unter starken Stimmungsschwankungen, neigen zu selbstzerstörerischem Verhalten, Identitätskrisen und zu intensiven, aber unbeständigen zwischenmenschlichen Beziehungen. Unter Malern, Musikern, Literaten und genialen Menschen (man denke etwa an Vincent van Gogh, Arthur Rimbaud, Frida Kahlo) finden sich viele solcher Persönlichkeiten; bei ihnen setzt man fast schon voraus, dass sie exzessiver und intensiver leben, empfindsamer sind, ungewöhnliche Wahrnehmungen haben und stärker unter Selbstzweifeln leiden als der sogenannte Normalbürger. Zumindest erscheinen diese Höhen und Tiefen bei berühmten kreativen Personen meist weniger krankhaft und behandlungsbedürftig.

War van Gogh ein Borderliner?

»Grenzenlos glücklich …?«

Der Patient gibt an, dass er nach verstärktem Cannabis-Konsum völlig ›ausgeflippt‹ sei und ›apokalyptische‹ Angstzustände erlebe. Auch habe er Probleme, Innenwelt und Außenwelt zu trennen, und fühle sich dann desorientiert und von den Bildern und Gefühlen absorbiert. Die Angstzustände treten beinahe täglich auf. Er fühlt sich von diesen Phänomenen sehr stark in Anspruch genommen, sodass ein geregelter Tagesablauf nur schwer möglich ist, was aber als Zivildienstleistender zunächst nicht so schwer ins Gewicht falle. Er habe keinerlei Vorstellungen, was er nach dem Zivildienst machen wolle, eine Berufsperspektive zeichne sich nicht ab. Er habe eine längere Beziehung zur jetzigen Freundin, bei der er sich teilweise durch Körperkontakt stabilisieren könne, was ihn wiederum abhängig von ihr mache. Seit Beginn der Angstzustände ist der Patient abstinent.

Abstinent, gut gesagt. Seit dem verflixten 31. Januar habe ich keinen einzigen Zug mehr genommen. Am Tag der Machtergreifung. Ich bin das Land, ich bin die Welt, ich bin alles, ich bin Gott, ich bin der Teufel. Ich bin selbst schuld, die ständige Neugier, alles wissen zu wollen, das größte Ziel, das größte Geheimnis, das allerletzte Geheimnis.

Im September oder Oktober kann man an den richtigen Orten Pilze finden, die psychotrop wirkende Stoffe enthalten. Bei den Azteken hießen sie das ›Fleisch Gottes‹. Sie nehmen dich bei der Hand und führen dich überall hin, wohin du auch willst. Es gibt nur eine Schwierigkeit: Du wirst nicht wissen, wohin du willst. Ich machte mich also auf den Weg ins Nirgendwo und klopfte bei Gott an die Tür. Der trank gerade Kaffee und war ziemlich genervt, dass ich bei ihm vorbeischaue. Meinte, ich sollte erst mal was mit meinem Leben anfangen, bevor ich ihn belästige. Dementsprechend gab er mir einen kräftigen Tritt in den Hintern und schickte mich zurück. Die Hölle, die dann kam, hält mich voraussichtlich für Jahrhunderte davon ab, noch etwas zu konsumieren. Alles, nur nicht das noch einmal! Ich hätte meine Großmutter erschossen, damit dieser Horror aufhört.

22-jähriger Mann, jünger aussehend mit wallenden Haaren. Der Patient kann schwer Blickkontakt aufnehmen und ist psychomotorisch anfangs unruhig und gespannt. Er ist überdurchschnittlich intelligent, kann sich verbal gut und differenziert ausdrücken und wirkt freundlich, bemüht und angepasst, spricht aber mit leiser Stimme und wenig affektiver Tönung. Der Patient ist gut motiviert, einlass- und introspektionsfähig bei erheblichem Leidensdruck. Geprägt ist das Bild von Angstzuständen, akuter Dekompensation nach Drogenintoxikation, Ich-Schwäche und Identitätsdiffusion.

Angefangen hatte es in der Pubertät. Irgendwie wollte ich dazugehören, wozu auch immer. Wir hatten in der Klasse zwei Sitzenbleiber, welche natürlich schon aufgrund des Alters eine gewisse Vormachtsstellung innehatten. Da ich schon in der sechsten Klasse angefangen hatte zu rauchen, war zu einem der beiden, der in den Pausen im Gebüsch rauchte, schnell Kontakt geknüpft. Er wurde durch die ganze Pubertät mein bester Freund. Wir wollten anders sein und hatten uns einer jugendlichen Subkultur verschrieben. Nicht mit grüngefärbten Haaren oder Hakenkreuzaufnähern, sondern mit Anzug und Krawatte. Wir wollten uns von den andern absetzen, von den Mitschülern und den Lehrern, die selbst Jeans trugen. Anders sein um jeden Preis. Sich mit Sitzenbleibern einzulassen, hieß natürlich auch, die eigene Neugier auf die Welt zu verleugnen. Wer bei seinen Freunden nicht ständig als Überflieger gelten will, muss sich zurückhalten. Meine Neugier hatte mich bis dahin vorangetrieben. Ich habe abends unter der Bettdecke mein Physikbuch gelesen, einfach weil es mich interessiert hat. An schulfreien Tagen habe ich das Schulfernsehen im Dritten gesehen über Vererbungsgesetze oder Filmanalyse. So war ich der Klasse immer voraus. Geübt habe ich nie, trotzdem immer gute Noten nach Hause gebracht. Meine schulischen Leistungen waren eine Art Selbstverständlichkeit. Diese Selbstverständlichkeit und das Gefühl, von Klassenkameraden mit einer Mischung aus Bewunderung und Neid angeschaut zu werden – sprich: nicht dazuzugehören –, hat mich dazu gebracht, meine Leistungen gering zu schätzen und herabzuspielen.

In der fünften Klasse war ich noch einer der Größten gewesen, körperlich gesehen. Ich kann mich erinnern, dass wir ein Klassenfoto gemacht haben. Ich saß in der zweiten Reihe, hinter mir noch zwei Reihen. Ich hatte das Gefühl, ich bin so groß, dass ich den Kopf einziehen muss, damit man die andern auf dem Foto noch sehen kann. Das Foto habe ich mir letztens wieder angesehen, ich sehe mich, wie ich den Kopf einziehe und zur Seite lege, und eben dadurch sehe ich noch viel größer aus, so als sei ich in viel zu kleine Kleider gezwängt worden.

Jetzt aber, in der sechsten Klasse, hatte ich Freunde. Die schulischen Leistungen wurden schlechter. Zum Teil natürlich auch, weil ich gar nicht gelernt hatte, mir etwas zu erarbeiten. Ich kann es heute noch nicht. Auswendiglernen und Pauken frustriert mich so sehr, dass ich, wo immer möglich, versuche, darum herumzukommen. Ein gesundes Halbwissen selbst in meinem Fachgebiet weiß ich immer noch erfolgreich zu verstecken; und habe deshalb ein schlechtes Gewissen und das Gefühl, irgendwann fliegt der ganze Bluff auf. Inzwischen bin ich 33 Jahre alt und denke mir: Du hast es so lange durchgehalten, die letzten 30 oder 40 Jahre mogelst du dich auch noch irgendwie durch.

Die Nordsee. Ich habe oft am Deich gesessen, gern bekifft, und in die Wellen geschaut. Allein. Das Abi hab ich dann doch noch geschafft, auch ohne zu pauken. Zivildienst. Das Gefühl, die Welt löst sich auf, kein Halt. Einfach im Meer verschwinden. Es muss doch rational zu erklären sein. Irgendwer muss es mir doch erklären können. Das kann wohl nur Gott allein. Ich muss ihn sehen, er muss mir erklären, was das Ganze soll.

Der Patient ist der Jüngste von vier Geschwistern (drei Schwestern: +11, +9, +3). Der Vater ist mit 63 verstorben, als der Patient 17 war. Die

Beziehung zu seiner Mutter beschreibt der Patient als sehr eng und herzlich. Die Beziehung zum Vater wird dagegen als problematisch und distanziert beschrieben. Er habe sich fern von seinem Vater gefühlt und ihn nie ›als richtigen Vater gesehen‹. Die Beziehung zu den drei Schwestern sei teilweise auch schwierig gewesen. Er habe als ›Anhängsel‹ der Schwestern gegolten, die ihn nur unwillig und meist auf Druck durch die Mutter zum Spielen mitgenommen hätten.

Noch bevor ich in den Kindergarten kam, war ich mit einem Jungen aus der Nachbarschaft befreundet. Ich kann mich nicht mehr an seinen Namen erinnern und würde ihn auch sicher nicht wiedererkennen. Das Einzige, was noch von ihm übrig ist, ist das unbestimmte Gefühl, dass ich in ihn verliebt war. Mein erster Kindergartenfreund war ein Jahr älter. Er hat mich verprügelt, er hat immer die Spielregeln während des Spiels geändert, wenn ihm langweilig wurde. Manchmal frage ich mich, ob er sich wirklich daran ergötzt hat, einen vermeintlich Schwächeren zu quälen, oder ob er neidisch auf mich war. Wenn er mich am nächsten Tag wieder zum Spielen abgeholt hat, hatte ich die Demütigungen schon wieder vergessen. Meine Gefühle sind zu schwach, um lang durchzuhalten.

Ich habe schon als Kind die Geschichten von Donald Duck nicht ertragen; ich habe nicht verstanden, wieso die andern ihm immer wieder Schlechtes tun können, wieso ihn Menschen auf offener Straße einfach verprügeln dürfen, ohne dass das Vergehen geahndet wird. Mein Gerechtigkeitssinn hat diese Situationen kaum ausgehalten, ich habe das Unrecht beinah körperlich gespürt. Ich war ein schlechter Verlierer, bin es vielleicht immer noch. Verlor ich bei Mensch-ärgere-Dich-nicht, feuerte ich das Spielbrett quer durch den Raum. Vielleicht habe ich nicht verstanden, dass der Zufall, der ein Würfelspiel bestimmt, sich nicht um das persönliche Vermögen kümmert, dass dem Zufall Gerechtigkeit egal ist. Vielleicht wollte ich auch einfach immer nur besser sein als die anderen, um überhaupt irgendwer zu sein, der es wert ist, beachtet zu werden.

Ich habe als Kind regelmäßig eine Zeitschrift namens ›Yps‹ gelesen, der immer ein kleines Gimmik beigelegt war. Leider war ich meist viel zu ungeduldig, um abzuwarten, bis die Tomatensamen im mitgelieferten Minitreibhaus, oder was sonst so beilag, von sich aus gekeimt hätten. Ständig musste ich wieder schauen, ob die kleinen Samen endlich aufbrechen, was die winzigen Kameraden vermutlich so gestresst hat, dass gar nichts passiert ist.

Ich kann nicht üben, ich kann mir nichts erarbeiten. Da ich nie gelernt habe zu lernen, habe ich verschiedene Musikinstrumente nur bis auf ein erträgliches Maß gelernt, nie wirklich gut. Selbst wenn es der Kopf noch hinkriegt, machen die Finger irgendwann nicht mehr mit. Dafür kann ich super vom Blatt spielen. Schließlich musste ich jede Woche in der Geigenstunde meinem Geigenlehrer irgendetwas vorspielen, das hieß: schnell im Übungsbuch schauen, was ich eigentlich hätte lernen sollen, und so gut wie möglich vorspielen. Mir in Sekundenschnelle einen Überblick verschaffen, der ausreicht, um sich noch irgendwie durchschummeln zu können.

Der Patient konnte in der Atmosphäre seines Elternhauses, die väterlicherseits durch Rückzug und Desinteresse und mütterlicherseits durch Überengagement und enge Bindung gekennzeichnet war, kein stabiles Selbst(wert)gefühl entwickeln. Der Patient hatte nicht die Gelegenheit, gut integrierte, innere Objekte aufzubauen, da die Mutter ihn als narzisstisches Substitut und Trost in ihrer Ehe an sich band und gleichzeitig der Vater als entlastendes Objekt enttäuschte.

Mein Vater war jähzornig. Ich kann mich nicht erinnern, dass er mich einmal berührt oder in den Arm genommen hätte. Woran ich mich aus frühester Kindheit erinnere, sind Bilder, wo er mich mit dem Gürtel schlägt. Er war immer ganz ruhig, irgendwann ist er dann ausgerastet und hat mich angeschrien. Das kam so plötzlich, dass ich zwischen meinem Verhalten und seiner Wut keine Verbindung herstellen konnte, sie aber immer gesucht habe. So musste ich immer aufmerksamer werden, um sein Verhalten einschätzen zu können, um einen Wutausbruch vorhersehen zu können. Er sagte dann immer zu mir: »Dir geht es wohl zu gut?!« Ging es mir zu gut? Musste ich leiden, um ihm recht zu sein? Freunde sagen mir, genau wie mein Therapeut, dass ich immer noch ein sehr feines Gespür für die Regungen meiner Mitmenschen habe. Und ich habe immer noch das Gefühl, ich werde bestraft, wenn es mir zu gut geht.

Borderline-Persönlichkeit mit depressiven Anteilen sowie sekundärer Drogenabusus.

Was ›Borderline‹ heißt, wusste ich zu dem Zeitpunkt noch nicht. Ich weiß nicht, ob ich wirklich Borderliner bin. Ich hab zwar einige, nun ja, sagen wir mal ungünstige Verhaltensweisen, aber Borderline? Es ist wohl irgendwo in der Grauzone zwischen halbwegs Normalsein und eindeutig krankhaftem Verhalten. Selbstverletzungen. Vor kurzem hab ich mich das erste Mal selbst geschnitten, während eines Streits mit meiner Freundin, aber eigentlich mehr, um sie zu provozieren; hat mir auch nicht besonders gefallen. Mich selbst mit dem Gürtel zu schlagen, das hab ich bei der Gelegenheit auch mal ausprobiert.

Am Tag meines Zusammenbruchs, jenem 31. Januar, schaute ich ins Fernsehprogramm. Im Dritten kam die Sesamstraße, dann ein Magazin, die Tagesschau, noch irgendeine Sendung, dann ein Bericht über Selbstverletzungen, um Mitternacht war Sendeschluss. Keine Grenzen, innen oder außen. Das Programm erschien mir wie ein Teil von mir, wie eine Kurzfassung meines Lebens. Die Sesamstraße für Kinder, die Tagesschau für Erwachsene, danach gewaltsame Verletzungen, und dann ist Sendeschluss. Wer auch immer dies hier liest, wird es wahrscheinlich nicht verstehen, aber es war kein Bild des Lebens, sondern das Leben, und auch wieder nicht, so wie ein Brühwürfel keine Suppe ist, aber auch kein Bild für eine Suppe, sondern halt so etwas wie eine Kurzfassung.

Innere Leere. Ich habe schon als Kind vor dem Einschlafen hockend hin und her wippen müssen. Ich tue es noch jetzt häufig, um Spannung abzubauen, gern mit einem Bier in der Hand und Kopfhörern auf den Ohren. Wikipedia bringt uns auf den Begriff der ›Jactatio corporis‹, damit zum Hospitalismus, und schon tanzen da auch wieder Depression und Borderline in der Liste rum. Aber Borderliner bin ich nicht, weil mir nämlich etwas fehlt: emotionale Instabilität. Ich bin in meiner tendenziell depressiven Stimmung stabil. Der Borderliner ist ein Korken auf den Wellen. Falls ich ein Korken bin, drücke ich mich selbst unter die Wasseroberfläche. Der Korken will nach oben, ich drücke nach unten, und das Ganze bleibt stabil und kann nicht von den Wellen hin und her geworfen werden. Ich habe Angst vor Gefühlen.

In einer Therapiegruppe wurde mir schon in der zweiten Sitzung gesagt, dass ich anscheinend recht sensibel auf die dargestellten Situationen reagiere. Ich hatte mich schon zurückgehalten, hätte noch viel mehr sagen können, aber man fällt ja als Neuling nicht sofort mit der Tür ins Haus. Wenn ich beobachte, wie andere miteinander umgehen, sehe ich, dass ich anscheinend Gefühle bei anderen schneller und genauer wahrnehme. Mich davon abzugrenzen, fällt mir schwer. Sofort versuche ich, den anderen Standpunkt zu integrieren und eine für beide annehmbare Lösung zu finden. Vielleicht ist mein Gefühlserleben doch borderlinetypisch? Ich weiß es nicht. Nur in emotionalen Extremsituationen neige ich dazu, Menschen zu idealisieren oder zu verteufeln. Und solche Situationen kommen normalerweise nur alle paar Monate unter bestimmten Umständen vor.

Ich wohne jetzt in einer WG mit insgesamt zwölf Bewohnern. Für Durchschnittsmenschen mag unser Haus ein wenig chaotisch sein, die WG hat sich aus der Hausbesetzerszene entwickelt und funktioniert dementsprechend ziemlich regelfrei.

Besonders, wenn ich nicht rauche, fühle ich mich oft überfordert, weil alle Eindrücke zu viel sind. Die Menschen reden so laut. Fährt ein Feuerwehrwagen vorbei, möchte ich mir die Ohren zuhalten. Möchte ich einschlafen, kann mich ein leichtes Knacken im Gebälk so aufschrecken, dass ich senkrecht im Bett stehe. Gleichmäßige Geräusche wie das Vorbeifahren eines Autos oder das Schnarchen eines andern im Raum stören mich gar nicht. Aber ein plötzlich aus dem Nichts kommendes Knacken fährt durch meinen Körper wie die Wellen eines kleinen Steins auf einer glatten Wasseroberfläche. Inzwischen fällt mir zunehmend auf, dass es mich stört, wenn Menschen an der Supermarktkasse zu nah hinter mir stehen. Warum können sie nicht genug Distanz wahren, merken die das gar nicht? Straßenverkehr ist für mich Stress, weil ich immer die möglichen Bewegungen der anderen im Voraus zu erahnen versuche. Da ich Motorrad fahre, ist dies vorausschauende Verhalten aber manchmal auch überlebenswichtig. Mein Motorrad rostet. Ich versuche erst gar nicht, den Rost zu bekämpfen. Ich kann mich nicht um meine Sachen kümmern, konnte ich noch nie. Eine Zeit lang hatte ich viele Zimmerpflanzen. Von denen sind nur die Kakteen übrig geblieben, alle andern müssen viel zu häufig gegossen werden, mindestens alle paar Wochen einmal! Ich sehe gar nicht, was ich Schönes in meinem Leben habe. Schon mehrmals wurde ich darauf angesprochen, wie schön mein Motorrad ist, und ich sehe nur den Rost auf dem Tankdeckel! Und habe beim Fahren Angst, mir könnte die Steuerkette abspringen oder der Zylinderkopf platzen, sodass ich das Fahren gar nicht richtig genießen kann. Wenn ich aber das Fahren nicht genieße, warum sollte ich mich um den Rost auf dem Tankdeckel kümmern? Ein Teufelskreis.

Weil ich Angst vor einer festen Beziehung habe, suche ich mir Frauen aus, von denen ich instinktiv weiß, dass wir uns nach einer Weile wieder trennen werden, weil sie noch durchgeknallter sind als ich. Meine letzte Freundin hatte mich vollkommen unerwartet erwischt. Noch bevor wir die erste Nacht miteinander verbrachten, hat sie schon einen Streit mit mir angefangen, ihn eskalieren lassen und ist zum Schluss weggelaufen. Es war wirklich alles ein Eiertanz, ich war wie auf einem Minenfeld. Irgendwann wusste ich, wenn sie streiten will, dann geht daran kein Weg vorbei, beinah täglich. Das hat mir etwas geholfen.

Mit meiner jetzigen Freundin bin ich schon ein halbes Jahr zusammen und ich lebe noch! Sie ist nicht ganz so durchgeknallt wie die vorherige, aber auch sie liebt große Dramen, und so habe ich sie schon von der Fensterbank herunterholen dürfen, auf der sie stand, weil sie sich umbringen wollte. Oder sie schreit mich an, sie sei nicht gestört, und schlägt sich dabei den Kopf an der Wand blutig. Echt großes Kino. Ich weiß ja nun nicht so ganz genau, was das ist, aber normal ist was anderes. Wenn ich einen sentimentalen oder pathetischen Film sehe, der mich nicht wirklich berührt, hoffe ich oft, dass gleich einer in einen Hundehaufen tritt oder was ähnlich Blödes passiert. Meine Freundin nimmt ihr Verhalten bitterernst. Eine weitere Selbstmorddrohung hat sie damit illustriert, dass sie angefangen hat, mit einer Glasscherbe an der Vene am Ellbogen rumzuschneiden. Das gibt vielleicht, wenn überhaupt, ein schönes Blutbad, aber um sich wirklich umzubringen, sollte man es besser an einer Arterie versuchen. Wie soll ich dann reagieren? Einerseits finde ich es lächerlich, aber sie will mir doch irgendwas damit mitteilen, was ihr sehr wichtig zu sein scheint. Es berührt mich ganz tief, wie sehr sie um Aufmerksamkeit kämpft. Ich arbeite daran, wieder mehr Gefühl und Leben in mein Leben zu bekommen. Das würde mir in der Beziehung zu ihr helfen. Es kann noch Monate oder vielleicht Jahre dauern, aber so lange werden wir wohl nicht durchhalten.

Psychedelika und Frauen sind mir ein unerschöpflicher Quell intensiver Erfahrungen, wie zum Beispiel eine unfreiwillige Drogenreise zusammen mit meiner Mutter, was ich leider nur im Nachhinein als lustige Anekdote bezeichnen kann. Bei der Zubereitung eines Pilzgerichtes erwischten wir im Kühlfach die falschen Pilze. Stunden zwischen Himmel und Hölle, der Gedanke daran treibt mir heute noch die Schamesröte ins Gesicht. Ich habe inzwischen wahrscheinlich genauso viel Zeit damit verbracht, mich mit meiner jeweiligen Partnerin an den unmöglichsten Orten nachts um halb drei anzuschreien, wie ich in der Vergangenheit mit benebelnden Substanzen verbracht habe. Man könnte dies als konsequente Fortführung bezeichnen. Habe ich mit Anfang zwanzig mein Heil in spiritueller Erfahrung gesucht, so scheine ich diese Suche jetzt auf Partnerschaften zu verlagern, und scheitere natürlich wieder. Inzwischen weiß ich auch warum, nämlich weil das Glück nicht außerhalb von mir liegt. Nicht in Dingen, die ich konsumiere, nicht in anderen Menschen, sondern in dem, was ich tue und wie ich es tue. Seit meiner Jugend habe ich mir fast alle meine Hobbys abgewöhnt, sie sind mir langweilig geworden. Ebenso ist mir der Spaß an meinem Beruf abhandengekommen, wenn ich ihn überhaupt einmal zugelassen habe. Vom Geigenunterricht hatte ich schon erzählt. Danach habe ich mir selbst das Blockflötenspiel beigebracht, später Orgelunterricht bekommen. Obwohl ich auch hier nie üben mochte, reicht es inzwischen aus, dass ich gelegentlich in Gottesdiensten, auf Hochzeiten oder Beerdigungen die Orgel spielen kann. Mit 18 habe ich in einer Punkband gespielt und mir Gitarre, Bass und ein wenig Schlagzeug beigebracht, kann inzwischen auf der Sitar einige Melodien spielen. Das bisschen Spielen kann man nicht im Ernst als Musizieren bezeichnen. Ständig habe ich das Gefühl, irgendwann werden die andern das auch merken. Genauso ist es in meinem Beruf. Irgendwann wird auffliegen, dass ich eigentlich gar nichts kann, alle werden hinter meine Maske schauen und mich dann zum Teufel schicken. Meine Dissertation muss natürlich die beste sein, die jemals auf dem Gebiet geschrieben wurde. Die Rezensenten werden mein Werk als Meilenstein preisen, als Pflichtlektüre für Generationen von Fachwissenschaftlern, als Standardwerk, nobelpreiswürdig. Aber – wie schreibt man solch eine Arbeit? Ich schreibe natürlich überhaupt nicht, weil der Druck viel zu groß ist. Nur wenn ich meine eigenen Erwartungen und meinen Perfektionismus herunterschrauben kann, nur wenn ich mich dazu zwinge, meine Daten Stück für Stück durchzuarbeiten – Gott, ist das langweilig!! Ich könnte sterben! –, bin ich in der Lage, etwas zu Papier zu bringen. Die Erfahrung, dass sich dann bei der Beschäftigung mit dem Material wie von allein Ideen entwickeln, dass ich anfangen kann, mit dem Material zu spielen, dass meine Neugier wieder aufwacht, dass ich meine Wissenslücken in konkreten Situationen schließen kann, ohne von Anfang an alles kapiert haben zu müssen, vergesse ich immer wieder. Kulturwissenschaftliche Theorien finde ich eigenartig. Warum schreiben Menschen so viele mit Latizismen aufgeblähte Fachbücher, nur um Dinge zu sagen, die doch eigentlich recht banal sind? Vielleicht habe ich noch nicht verstanden, was sie sagen wollen? Vielleicht bin ich zu blöd dafür? Einmal haben wir ein Seminar an der Uni mit einer vierstündigen Klausur abgeschlossen. Ich fand schon von Anfang an seltsam, dass es sich um einen Ankreuztest handelte. Nach zwei Stunden war ich fertig, schaute mich um und fragte mich, was die andern alle machen. Ankreuztest heißt, entweder ich weiß es oder eben nicht. Wie kann man nur so lange über solch einem Test sitzen? Vielleicht habe ich etwas nicht richtig verstanden? Vielleicht ist alles falsch, was ich geschrieben habe? Ich kann doch jetzt nicht einfach aufstehen und abgeben, was denken die andern dann von mir? Fünf Minuten später stand endlich ein anderer auf und ging, da konnte ich dann auch abgeben. Man musste nur bestehen, und dafür hat es gereicht.

Ob die Abwertung meiner Leistungen und später auch meiner Gefühle dazu geführt hat, dass ich mir einen Kick von außen suche, ist wahrscheinlich keine so schlechte Erklärung. Nur habe ich dazu inzwischen keine Lust mehr. Langsam erarbeite ich mir das Selbstvertrauen, das mir immer gefehlt hat. Inzwischen habe ich eine Promotionsstelle als Literaturwissenschaftler inne, wozu ich ins Ausland umgesiedelt bin. Meinem Kindheitswunsch, nämlich ein Forscher oder Professor zu werden, bin ich damit ein ganzes Stück näher gerückt.

Ich bin guten Mutes, dass ich das alles hier noch mal auf die Reihe bekomme.

Das Denken und Empfinden Hochbegabter übersteigt gewöhnlich die Grenzen des Normalen und geht oft über ein erträgliches Maß hinaus. Wer auf der Suche nach Wahrheiten ist, sich mit dem ›Guten‹ und ›Bösen‹ in der Welt und in sich selbst auseinandersetzt, extreme geistige und emotionale Erfahrungen macht und diese vielleicht noch mit bewusstseinserweiternden Drogen stimuliert, ist anfälliger für Angst- und Verwirrungszustände, Identitätskrisen oder Wahrnehmungsveränderungen. Die Grenzen zwischen sogenannter Normalität und Verrücktsein werden fließender, ganz besonders dann, wenn durch traumatische Erfahrungen bereits elementare Grenzen überschritten wurden und man unter ›verrückten‹, grenzverletzenden Bedingungen aufwuchs. Diese Mischung kann zum Verlust von Orientierung und innerem Halt führen, das Gefühl von Haltlosigkeit und Angst manchmal wiederum nur durch den Konsum beruhigender Substanzen gedämpft werden. Einige Hochbegabte sprechen in diesem Zusammenhang von einer ›Selbstmedikation‹ – die auf lange Sicht ihre Probleme freilich verstärkt.

Die Grenzen der Normalität

Drogen und Alkohol als »Selbstmedikation«

Der Verfasser ist, wie die meisten Hochbegabten, besonders sensibel, geräuschempfindlich und berührungsempfindlich. Er denkt (zu) viel nach, nimmt bei sich selbst und anderen viel wahr, fühlt zu stark mit. Das zeigt sich schon in der Kindheit, als er die ungerechte Behandlung des Comic-Helden Donald Duck nicht erträgt und die Komik daran absolut nicht erkennen kann; dies hat er mit vielen hochbegabten Kindern gemeinsam. Sein Mehr-Denken (oder Zuviel-Denken) führt nicht nur bei psychologischen und philosophischen Fragen oft in Sackgassen, sondern dreht sich auch bei kleinen Alltagsentscheidungen schnell im Kreis und behindert sich letztlich selbst.

Hochbegabte lernen oft das Lernen nicht

Auch hat er nicht gelernt, richtig zu lernen; die meisten Hochbegabten müssen sich in der Grundschule und der Mittelstufe nicht besonders anstrengen, sie haben eine schnelle Auffassungsgabe und der Unterrichtsstoff fliegt ihnen zu. Spätestens in der Mittelstufe macht sich dann bemerkbar, dass sie Schwierigkeiten haben, sich umfangreiche Stoffe systematisch zu erarbeiten. Hochbegabte sind es gewohnt, das meiste gleich zu können,

Das »Hochstaplergefühl«

und mogeln sich zunehmend irgendwie durch. Ausgesprochen typisch für Hochbegabte ist das ›Hochstaplergefühl‹. Dies liegt jedoch nicht nur am ›Sich-Durchmogeln‹; mit steigender Begabung wachsen die Zweifel an den eigenen Fähigkeiten, weil man zu hohe Maßstäbe anlegt. Für Hochbegabte gibt es oft nur ›sehr gut‹ oder ›ungenügend‹, überragend oder vollkommen nichtig, es muss, wie der Verfasser selbstironisch schreibt, entweder der Nobelpreis winken oder man lässt eine Aufgabe lieber gleich wieder fallen. Der niederländische Begabungsforscher Franz Mönks spricht hier von hochbegabten Dilettanten im Gegensatz zu hochbegabten Experten. Letztere nehmen die Mühen eines langwierigen, fleißigen und gründlichen Arbeitens in einer einzelnen Domäne auf sich, während Erstere sich auf unterschiedlichsten Gebieten versuchen, ein sehr breites Spektrum haben und von allem ein bisschen können.

Die andere Seite des »Borderline«

Trotz der schwer wiegenden Probleme, mit denen sie zu kämpfen haben, erscheint mir persönlich die Lebensweise sogenannter Borderliner in gewisser Weise aufrichtiger und wahrhaftiger als die vieler anderer – wenngleich der Preis für diese Wahrhaftigkeit, wie so oft, enorm hoch ist. Borderliner ersparen sich nichts, sie stellen sich, freiwillig oder gezwungenermaßen, allen menschlichen Abgründen, sie wollen oder können sich nie auf Sicherheiten ausruhen, weder was ihre Identität, ihre Präferenzen und Ziele anbelangt, noch im Hinblick auf zwischenmenschliche Beziehungen. Sie zeigen ihr Leid, ihre Angst, ihre Verletzlichkeit und Zerrissenheit, wo andere sie schamhaft verstecken oder kaum zu spüren wagen. Sie konfrontieren sich und andere mit extremen Gefühlen und Handlungsweisen, während ihre Umgebung sich in maßvoller Zurückhaltung übt und in wohltemperierter Sicherheit wiegt. Wenn Borderliner privat oder beruflich scheitern, hängt das meines Erachtens nicht nur mit ihren seelischen Läsionen und ihrem extrem lebhaften Innenleben zusammen, sondern mit dem starken Krankheitsgefühl, das ihnen deshalb vermittelt wird und das sie selbst irgendwann in nicht geringem Maße für sich beanspruchen.

Der Schreiber der obigen Geschichte hat seiner Borderline-

Diagnose misstraut. Mag sie nun eindeutig zutreffen oder nicht – hätte er sich ausschließlich auf sie verlassen und vollständig mit ihr identifiziert, wäre er vielleicht dauerhaft in psychiatrischen Kliniken verschwunden und hätte sich eines Tages ganz aufgegeben. Ähnliches ist von vielen hochsensiblen Künstlerpersönlichkeiten wie zum Beispiel Robert Schumann, Camille Claudel oder Friedrich Hölderlin bekannt.

Man kann nur staunen, welche beruflichen Erfolge der Schreiber trotz seiner problematischen Vita erzielen konnte. Eine »Borderline-Persönlichkeit mit depressiven Anteilen, Ich-Schwäche, Identitätsdiffusion und sekundärem Drogenabusus« und – einem Doktortitel in Literaturwissenschaften ist immerhin äußerst bemerkenswert und stimmt sicherlich auch manchen klinischen Psychologen nachdenklich.

5. Die Kunst der Vielfalt: Lebenskünstler

Ihre Not zur Tugend zu machen scheint ein besonderes Kennzeichen derjenigen Hochbegabten zu sein, die an der Vielfalt ihrer Interessen, Neigungen und Fähigkeiten nicht verzweifeln, sondern versuchen, eine Art Lebenskunstwerk daraus zu machen. Das heißt, sie verbiegen sich nicht, ordnen sich nicht unter, verdrängen die Fülle der Ideen und Impulse nicht zugunsten einer konventionell erfolgreichen Lebensweise, eines normalen, harmonischen, geradlinigen Lebens, sondern gehen immer wieder das Risiko ein, krumme und schwierige Wege zu wählen, viel Neues auszuprobieren, zu scheitern und von Neuem zu beginnen. Ganz nach der Beckett'schen Maxime: »Ever failed. Try again. Fail better.«

Bei einem Eignungstest erfährt die Verfasserin der folgenden Geschichte, dass sie »eigentlich fast alles« studieren könne – was das für Hochbegabte typische Entscheidungsdilemma der Studienwahl noch zuspitzt. Im Studium und im Beruf begleitet die Schreiberin dann weiterhin die Schwierigkeit, sich eine Meinung zu bilden, Urteile zu fällen und Entscheidungen zu treffen, da sie die Dinge stets zu komplex sieht – oder so komplex, wie sie es eben tatsächlich sind. Auch für sie wird die Frage nach der beruflichen Identität zum Lebensthema. Sie lehnt jegliche Routine ab, kann und will sich nicht festlegen und sehnt sich stets nach Abwechslung. Die Schreiberin spürt früh und instinktiv, dass es keine festen Regeln und endgültigen Wahrheiten gibt, sie findet Fragen reizvoller als Antworten, das Chaos interessanter (und vielleicht wahrhaftiger) als die Ordnung. Diesem Instinkt folgt sie mehr und mehr, manchmal mit dem Mut der Verzweiflung, manchmal mit leisem Humor und feiner Selbstironie und manchmal mit fast religiöser Hingabe. Schließlich nimmt sie den Zustand des Unterwegsseins, des ewig Unfertigen, Unsicheren und Veränderbaren als Lebensmotto auf und bezieht gerade hieraus ihre künstlerischen Inspirationen.

»Unterwegs«

Während der Schwangerschaft musste meine Mutter wegen starker Blutungen ins Krankenhaus. Sie war in Sorge, ihr zweites Kind zu verlieren. Der Oberarzt tröstete sie: sie solle nicht traurig sein, bei so viel Blutverlust wäre ohnehin mit großer Wahrscheinlichkeit ein kleiner Idiot daraus geworden. Meine Mutter weinte, als die Tür aufflog und der Chefarzt hereinstürmte. In hellem Zorn revidierte er das ärztliche Statement und imponierte meiner Mutter mit entschiedenem Optimismus: Nicht das Baby, sondern der Oberarzt sei ein Idiot!

Ich habe wohl alles mit angehört, denn bis zum heutigen Tage halte ich es für möglich, dass beide recht hatten.

Wenn ich heute – auch nüchtern – ein Lokal verlasse, um nach rechts oder links den Nachhauseweg anzutreten, weist mir meine innere Stimme mit größter Sicherheit um 180° die falsche Richtung. Ich habe gelernt, diesen Sachverhalt mehr oder weniger unauffällig in mein Verhalten einzubeziehen, aber oft genug blamiere ich mich noch damit. Mein Inneres und die sogenannte Realität gehen immer wieder verschiedene Wege, und jederzeit kann sich überraschend ein jeweiliges Gegenteil in mein Leben katapultieren.

Als ich zwei Jahre alt war, gab es die erste Überraschung: Meine

Mutter erkrankte schwer. Über Nacht wurden mein Bruder und ich im Nachbarland in verschiedenen Familien unserer Verwandtschaft untergebracht. Die Verwandten waren lieb zu mir, aber als meine Eltern uns wieder abholten, erkannte ich meine Mutter nicht mehr.

Mit vier Jahren rutschte ich im Winter auf der Straße aus und geriet unter einen Volkswagen, links und rechts von mir Räder. Ich wurde unverletzt geborgen, aber ein Arzt kam, um die Reflexe zu prüfen. Als er mit dem Hämmerchen hantierte und mich anhielt, mit den Augen seinem Zeigefinger zu folgen, tat ich es, mitleidig und ihm zuliebe, denn ich hielt ihn für einen Verrückten. Im Übrigen war mir klar, dass ich nun sterben würde, und erwartete beinahe neugierig den entscheidenden Augenblick. Dieser Augenblick kam, als ich meinen Bruder in meinem Bademantel das Zimmer verlassen sah, das ist das letzte Bild, an das ich mich erinnere. Aber es ist nicht belegt, dass auch nur irgendjemand an diesem Abend das Zimmer verließ, und ich bin auch später oft genug widerlegt worden in dem, was ich für wahr hielt.

»Vergessen wir nicht: wenn unser Geist sich erst einmal für große Ideen geöffnet hat, wird er nie mehr in sein ursprüngliches Format zurückkehren.« (Fabrizio Plessi) Noch heute ist der Tod für mich eine Tür, durch die man – vielleicht auch im Bademantel – geht. Was dann geschieht, darauf werde ich bis zu dem Augenblick, an dem es sich ereignet, neugierig sein. Manchmal denke ich auch, tief drinnen wüssten wir alle es bereits, warum sonst habe ich mich damals nicht gefürchtet?

Mit fünf Jahren hing ich dann bewegungslos mit dem Ohr ganz dicht am Radioapparat, spürte den Schwingungen der verschiedenen Stimmen nach und identifizierte die Fremdsprachen. Äußerungen meiner Eltern zufolge war ich ein gleichermaßen zartes wie wildes Kind. Vor dem Mittagsschlaf hielt ich der Tapete lange Vorträge über Eulenspiegel, meine Puppen Hans, Peter, Bärbel und Heidi und entdeckte in ihr, so wie auf dem Fußboden des Badezimmers, faszinierende Vexierbilder, in die ich mich zeitlos vertiefte. Ich machte mir Theorien der verqueren Art und teilte sie offenbar auch besonders gerne wortreich mit, sodass die Eltern irgendwann abschalteten und mich freundlich auflaufen ließen. Wenn ich das realisierte, führte es zu tiefer Beschämung.

Ich habe sehr lange gebraucht zu verstehen, dass ich später auch anderen Menschen mit meinen enthusiastischen Ausführungen oft ›zu viel‹ wurde und sie längst erschöpft waren, abgeschaltet hatten oder ärgerlich wurden, während ich mich noch in einer interessanten Debatte wähnte. Heute weiß ich es besser zu deuten, wenn jemand zu einem Zeitpunkt, an dem das Gespräch für mich erst interessant wird, zur Toilette geht und mit der Rückkehr gut gelaunt zu einem anderen Thema übergeht.

Mit sechs Jahren saß ich dann in der Schule mit weißem Kragen und hellen, träumenden Augen inmitten eines Pulks von Erstklässlern. Zu Hause war ich brav, sang die Lieder von Conny Froboess und spielte nachmittags mit meinem kleinen Freund auf der Straße. Als meine Mutter sich den Fuß verstauchte, wollte ich Ärztin werden, und wenn alles so weitergegangen wäre, wäre ich es vielleicht auch geworden.

Mit sieben Jahren aber fand ich mich dann plötzlich zusammen mit meinem Bruder in einem Internat. Die Entscheidungen waren wieder über Nacht gefallen, und diesmal sollte die Genesung meiner Mutter drei Jahre dauern. In meiner Erinnerung betraten wir die Wolfswelt, wild und grau. Zweifellos war dies eine übermäßig beeindruckende, schutzlose Zeit, in der ich Sauerampfer aß, in fremden Gemüsegärten wilderte, Zigaretten auf Lunge rauchte, auf dem Rücken liegende Maikäfer bestaunte und Kondome aufblies, die ich in den Ecken einer Ruine gefunden hatte. Alle vier Wochen gingen wir sonntags ins Kino, und neben unzähligen Försterfilmen war ich von der grausamen Tragik eines Othello oder Nero tiefer erschüttert als von Romeo und Julia. Die menschlichen Abgründe breiteten sich aber nicht nur im Kino vor mir aus: Der Vertrauenslehrer entpuppte sich als Alkoholiker, welcher lallend durch die Flure torkelte; die stets im Pelz auftretende Direktorin drehte an ihren Ringen, bevor sie Kinder ins Gesicht schlug. Ich gehörte zu den Kleinsten und lernte, was mein Sozialverhalten heute noch prägt: beobachten, analysieren, verstehen, aber auch: täuschen, verstecken und manchmal wagemutig sein. Ich lernte Rumba tanzen, schrieb im Tausch gegen Micky-Mouse-Hefte für andere englische Schularbeiten ab und fand mich ebenso plötzlich auf dämmrigen Toiletten oder im dunklen Gebüsch in abhängigen sexuellen Beziehungen zu großen Jungen. Eines Abends fiel ich an einem solchen Ort unter den ungeschickten Praktiken eines Jungen selbst in den Zustand des Begehrens und anschließend in Ohnmacht. Als ich erwachte, war ich allein. Es war sehr dunkel in der Höhle, und in gewisser Weise blieb es so für lange Zeit.

Ich wollte meine Eltern nicht enttäuschen, dementsprechend gab ich mir Mühe in der Schule, und der Dorflehrer, ein großer cholerischer Mann, war mit mir zufrieden. Nachdem ich die Aufnahmeprüfung fürs Gymnasium bestanden hatte, holte mein Vater uns ab, und wir wechselten die Schule und das Internat.

Noch heute finde ich die Chaostheorie interessanter als die Newton'schen Gesetze. Wo die Ordnung zerbricht, fühle ich mich sicher. Mir leuchtet ein, dass auf Vergangenheit nicht unweigerlich Zukunft folgt, sondern das Leben sich in immer wieder neu entfaltenden Mustern organisiert und seine Dynamik in instabilen Systemen bewahrt. Die nächste Welt war jedoch eine ordentliche. Das einzig Unberechenbare, Unergründliche war das Meer mit seiner eigenen Stimmung, seinem eigenen Rhythmus und seiner eigenen Zeit. Wieder war ich zunächst die Kleinste, aber in der Arbeitsstunde durften wir uns auf das warme Teerdach des Hühnerstalls kauern, um in der Abendsonne Schularbeiten zu machen. Unter uns gurgelten die Hühner behaglich vor sich hin. Noch heute höre ich das gerne. Ich kam zur Ruhe, wenn auch mein früh erworbenes Wissen sich nicht rückgängig machen ließ.

Neben den kindlichen Freundschaften zu Gleichaltrigen wurde ich Gesprächspartnerin für ältere Mädchen und zum Schützling eines Sechzehnjährigen, mit dem ich Hand in Hand spazieren ging. Der Musiklehrer bot mir Klavierunterricht an, und ich ging nachmittags freiwillig in die Schule, um zu üben.

In dieser Zeit muss es auch gewesen sein, dass mein Vater uns auf der Autobahn abwechselnd auf den Schoß nahm und uns in einer für mich beeindruckenden Melange aus Leichtsinn und Vertrauen das Auto lenken lehrte. Wir sollten nur immer den Mercedes-Stern mit dem Seitenstreifen in Übereinstimmung bringen – beim Überholen natürlich mit dem Mittelstreifen.

Wenig später sah meine Mutter auf einem Foto, welches mich als inzwischen Zwölfjährige neben dem nun fast Achtzehnjährigen zeigte, meinen erwachsenen Blick und wollte, dass ich nach Hause komme. Ich folgte dem Ruf.

Ich wohnte nun in der Stadt und besuchte ein für mich recht wundersames Mädchengymnasium besten Ranges. Es duftete nach Eau de Toilette, weiblicher Intelligenz und bürgerlicher Bildung. Ich betrat dieses Parkett nicht wirklich selbstbewusst, aber ich wehte wie ein interessanter Wind in die Klasse und wurde gleich beliebt. Meine Noten änderten sich für mich unerklärlich um 180°, zum Guten wie zum Schlechten. Meine Eltern hatten sich derweil entschlossen, sich scheiden zu lassen, und mein Vater zog aus. Ich lebte mit meiner Mutter allein und versuchte, ihr ähnlich zu werden. Gleichaltrige sah ich nur in der Schule. Ich sparte mein Taschengeld für ein kompliziertes Tonbandgerät und verfertigte, wenn ich nicht Schulfunk hörte und Schularbeiten machte, Zeichnungen, Reliefs und Holzköpfe mit melancholischem Ausdruck. Wenn ich ein Buch aus dem elterlichen Regal lesen wollte, widerstrebte das meiner Mutter häufig mit der Begründung, ich sei noch zu jung für solche Stoffe. Dann war es für mich Ehrensache, diese Bücher nicht zu berühren.

Als ich 14 war, sollte unsere Klasse »Das lange Weihnachtsmahl« von Thornton Wilder aufführen. Eine Rolle war noch nicht vergeben. Es war die eines jungen Mannes, der die Ruhe am Weihnachtstisch störte und seinem Vater nicht nur vehement widersprach, sondern auch mit der Hand auf den Tisch schlug und zornig davonstürmte. Ich hatte unvermittelt die Idee, ich könnte ihn spielen: diese brausende Ungeduld, dieses zornige Verlangen nach Konsequenz! Ich bekam die Rolle, nachdem der ganzen Klasse auf der Probe der Mund offen stehen geblieben war.

Im häuslichen Leben allerdings war ich vor Bravheit fast unsichtbar geworden. Meine Mutter machte sich Sorgen darüber, dass ich so still und nachdenklich war, und so kam es, dass wir in den Ferien beschlossen, mich ohne Abschied von meinen Klassenkameradinnen mit meinem Bruder zurück ins Internat zu schicken, damit ich wieder unter Gleichaltrigen leben könnte.

Die Abschiede wurden nun langsam zum Selbstläufer in meinem Leben, und spätestens jetzt wusste ich nicht mehr, wo ich hingehörte. Bis heute sind Trennungen aller Art für mich ein unverdautes Brot, welches ich stets pflichtbewusst und feierlich hinuntergeschluckt habe wie andere die heilige Kommunion. Entsprechend bin ich in nichts eifriger geworden, als Menschen zum Bahnhof zu bringen, vom Flughafen abzuholen und selbst zu verreisen.

Das Meer kannte mich noch. Unsere Beziehung sollte sich in den nächsten Jahren wortlos vertiefen. Eines Abends, als ich in strömendem Regen wie beinahe täglich an der Mole ausharrte, leuchteten mir aus dem schwarzen Wasser Hunderte von Sternen wie phosphorne Quallen entgegen. Einmal fiel ich auch völlig hypnotisiert hinein, in das kalte Novemberwasser. Im Internat wurde daraufhin offiziell verboten, ins Wasser zu fallen.

In meiner Klasse gab es Schüler, die zweimal hintereinander sitzen geblieben waren, Querköpfe, die meine Gesellschaft suchten und mit denen mich eine subtile Lust auf Anarchie verband. Die eine liebte Musik und romantische Literatur, der andere war unter der Bank mit seinem Filmskript beschäftigt, und der Dritte schrieb freche Konzertkritiken in unserer Schülerzeitung, deren Redaktionsleitung mir angetragen worden war, ohne dass ich etwas davon verstand. Der Sohn des Pfarrers ließ mich eines Tages an der Orgel seines heimatlichen Kirchenschiffs frei improvisieren, und möglicherweise war das die Initialzündung für später immer wieder leidenschaftlich betriebene Improvisationen, die sich an keine Regeln hielten und im Wesen dilettantisch waren, sich dafür aber in der Nacht bis zum Morgengrauen ausbreiten durften wie die provisorische Kunde einer verborgenen Welt in mir.

Ich war keine offene Rebellin, wenn ich es mir auch zu wünschen begann. Mein Widerstand wuchs zäh und leise wie eine chronische Krankheit. Ich malte, schrieb Gedichte und Briefe an die in der vorigen Schule zurückgebliebene Freundin. Der Mangel an persönlicher Sphäre im Internat ging mir auf die Nerven, und immer öfter suchte ich die traurige und doch authentische Einsamkeit am Meer.

Im Deutschaufsatz gab ich schon mal leere Blätter ab, eigentlich bei Themen, die mich besonders bewegten. Den Mathematiklehrer provozierte ich mit einer Reihe von Sechsen, aber er merkte es nicht. So machte ich schließlich mein Abitur mit Ach und Krach, wenn auch im Tageslicht – ich selbst inbegriffen – nie jemand wirklich Zweifel daran gehegt hatte, dass ich es schaffen würde.

Nun sollte ich studieren. Zu Hause drehten sich die Teegespräche mit meiner Mutter wochenlang um all die Möglichkeiten, die mir offenstanden. Ich weiß noch, dass ich Jugendrichterin werden wollte, nachdem ich einen Film mit Heinz Rühmann und Karin Baal gesehen hatte: Ich hatte etwas übrig für Menschen, die ein Herz für andere Menschen hatten und sich damit lächerlich machten. Um das Entscheidungsdilemma zu objektivieren, ging ich schließlich zur Berufsberatung und machte einen Eignungstest. Man sagte mir, ich könnte alles Mögliche studieren, Literaturwissenschaft oder Kunst, nur nicht Medizin, dafür sei das räumliche Vorstellungsvermögen nicht ausreichend ausgeprägt. Im Großen und Ganzen blieb alles beim Alten, nur dass die hohen Erwartungen an mich gerechtfertigt waren, hatte sich im Intelligenztest bestätigt. Das Ergebnis war wohl gut: über 130 Punkte. Das Stichwort Hochbegabung fiel damals nicht. Ich hätte auch nicht gewusst, was es bedeutet.

Gern wäre ich auch Bildhauerin geworden, aber einen solchen fantastischen Berufswunsch wagte ich auch vor mir selbst kaum auszusprechen. So musste man die kleinen Tonskulpturen auf meinen Bewerbungsfotos für die Akademie wie Stecknadelköpfe suchen; das gezeichnete Material war von viel zu festem Strich und ohne Innenleben. An den Quoten für Kunststudenten scheiterte ich somit kläglich. In der Universität wiederum fühlte ich mich kafkaesk, und so machte ich im ersten Semester lediglich meinen Führerschein und betrachtete die schwarzen Silhouetten winterlicher Bäume gegen den Himmel. Wo ich auch ging, aus welchem Fenster ich auch träumte, irgendwo stand immer ein Baum mit starkem oder zartem Charakter und einer Vielzahl von Verästelungen.

Schließlich entschied ich mich, Psychologie zu studieren. Ich irrte durch die Flure und versuchte zu erfassen, was der Methodenstreit bedeutete, der in den überfüllten Vorlesungen zwischen jungen, positivistisch denkenden Dozenten der Lerntheorie und den alten Professoren, die noch die philosophische »Charakterkunde« vertraten, tobte. Unter den Studenten wurde das wie ein Fußballspiel ausgetragen: eins zu null für die moderne Mannschaft.

Ich sah die Dinge viel zu kompliziert und fühlte mich komisch mit den einfachen Antworten auf vielschichtige Fragen. Während des gesamten Studiums habe ich kein einziges mündliches Referat gehalten oder andere öffentliche Worte gesprochen. In die Examen ging ich wie zu einer Einladung, die man nicht ablehnen kann, um dort, geplagt von extremer Schüchternheit, völlig chaotisch und unsystematisch angeeignetes Wissen preiszugeben – manchmal allerdings auch unwiederbringlich zu verstummen. Wenn mal eine Eins in die mittelmäßigen Noten hagelte, erschrak ich fast.

Immer wieder aber meldete sich in mir der kleine Idiot zu Wort und wollte noch mehr wissen über das Leben und seine Gesetze. Wenn ich zum Beispiel über die Wahrnehmung von Zeit las und mich in das Bild einer Schnecke vertiefte, die das Gras wachsen sieht, war mir klar: Die Welt ist reicher, als unser Horizont uns eröffnet. Wiederholung und Kontrolle als Mittel zur psychologischen Selbstbespiegelung und Induktion von Welterkenntnis wurden mir schließlich zuwider. Die statistische Suggestion von Kausalität fand ich viel fragwürdiger als offene Spekulation. Alles, was mich auf der Suche nach Sinnzusammenhängen weiterbrachte, interessierte mich: parapsychologische Phänomene, Synchronizität, Verschiebung, Verdichtung, Darstellung durchs Gegenteil. Die vielen vielen Mäuse aber, die mit nackten Füßchen über die elektrisierten Metallgitter geschickt wurden, taten mir leid. Es ist mir im Grunde meines Herzens bis heute nicht möglich, eine solche Forschung zu respektieren.

Neben alldem geriet ich in den Strudel der politischen Bewegung. Auf Rudi Dutschke war geschossen worden, und statt seines Porträts zeigten die Zeitungen nur das auf der Straße liegengebliebene Fahrrad, einen einzelnen Schuh und die Blutflecken daneben. Diese Bilder schockierten auch mich. Der Redner auf dem Teachin, welches im Sonnenschein auf dem Campus stattfand, erinnerte mich an »Das lange Weihnachtsmahl«. Der Zorn gegen die Selbstgerechtigkeit, das Feuer für eine soziale Idee, die ganze Frechheit, der Welt eine eigene Vision entgegenzuschleudern, beeindruckten mich sehr. Auf meiner Fensterbank saßen immer öfter Besucher und Besucherinnen verschiedenster Couleur, brachten Kuchen mit oder eine Schallplatte von Herby Man und auch schon mal einen gut gebauten Joint. Bald lebten wir in Wohngemeinschaften, diskutierten, aßen, tranken und lachten nächtelang und protestierten schließlich gegen den Abriss unserer Häuser. Die

Räumung fiel in die Examenszeit. Die Prüfungen kamen mir somit ausreichend absurd vor, um ein – schreckliches – Spiel daraus zu machen. In den Nächten davor nahm ich Hallowach-Tabletten und schlug die Bücher willkürlich irgendwo auf.

Im Hintergrund war meine Seele mit noch ganz anderen Dingen beschäftigt: Es dämmerte mir, dass Liebesbeziehungen schlechthin für mich vielleicht eine Zumutung sein könnten und jedenfalls in ihrer herkömmlichen gemütlichen Konzeption mit mir kaum lebbar waren. Die diffizile Abmischung von Nähe und Distanz überforderte mich. Ich konnte phasenweise jeden Tag aufs Neue fremdeln und schämte mich dafür, weil es andere befremdete. Andererseits stand die Tiefe, in der ich berührt war, meist im Widerspruch zu meiner äußeren Distanziertheit. Ich konnte darüber aber nicht sprechen. Wie viele Leute haben schon gelacht über meine seltsamen Höflichkeiten, oder schlimmer: waren verletzt, weil sie meine Scheu nicht für angebracht hielten! So gab es schwierige Missverständnisse, von denen ich nicht wusste, wie sie zu lösen wären.

Nicht lange nach dem Diplom sah ich mich dann genötigt, eine Apotheke zu betreten: Ich stolperte hinein, die Tür schepperte, die Sonnenbrille fiel zu Boden, und ich hörte mich kleinlaut sagen: »Eine große Schachtel Baldrian bitte«. Am Morgen hatte meine Kaffeetasse bedenklich gezittert. Ich war geschüttelt von Angst angesichts meines ersten professionellen Auftritts als Psychologin. Ich sollte vor Jugendlichen einen Vortrag halten und gemeinsam mit anderen ein Seminar leiten. Die Kollegen ahnten in keiner Weise, was in mir vorging, als wir zum Tagungsort fuhren und ich im Fond des Wagens allen Ernstes darüber nachdachte, wie und wann ich unauffällig die Tür öffnen könnte, um mich – wie in Cowboyfilmen oft gesehen – rausfallen und den Abhang runterrollen zu lassen.

Das offene und freundliche Kontaktverhalten der Jugendlichen hatte diesmal die Situation für mich noch gerettet. Bald aber hatte ich ein eigenes Büro in der Kinder- und Jugendpsychiatrie und sollte Gutachten schreiben. Alle Selbstzweifel und Einwände beiseite zu schieben hätte geheißen, Berge zu versetzen. Ich sah mich weder in der Lage noch in der berechtigten Position, Kinder in der gefragten Weise zu beurteilen, und noch heute verbeuge ich mich innerlich vor dem

16-jährigen Mädchen mit ›Down-Syndrom‹, welches mich das Wesentliche lehrte, als es in unvergleichlich feierlicher Weise den Aschenbecher genau zwischen uns stellte, nachdem wir den Intelligenztest beiseite gelegt hatten und eine Zigarette zusammen rauchten.

Wenige Wochen später gab ich diesen Beruf auf und sprang zum ersten Mal aus eigenem Antrieb vom Zehnmeterbrett der sicheren Existenz in den See der völligen Ungewissheit. Wohlbehalten, wenn auch verzweifelt, lag ich auf einer Therapeutencouch und wagte mich nicht zu regen. Hinter mir regte sich auch nicht viel, dies aber so anhaltend, dass ich immerhin nach Jahren eine solche Situation inklusive mich selbst für zumutbar hielt und nach versunkenen Schätzen zu tauchen begann. Ich fand: »unmögliche« Wünsche. Vorsichtig probierte ich, das Leben nicht mehr als fremdbestimmte Aufgabe zu sehen, sondern als selbst verantwortete Performance.

Mit Glück bot sich mir eine neue Existenz in einer Spielwiese von Buchladen, in dem wir im Kollektiv den Arbeitsplan machten und abgefahrene Bücher ins Sortiment stellten. Zudem antwortete ich auf eine Annonce in der Stadtzeitung und gehörte mir nichts, dir nichts einer professionellen Musiktheatergruppe an, die mit glitzernd ausgestatteten musikalischen Programmen voll schwarzen Humors auf Tournee ging – ein Fest für meine Sinne, und endlich hatte ich alles beisammen: die Miete, das Reisen, die Freiheit, eine Welt verrückter Ideen, das absurde Theater, das Gelächter darüber, Gastfreundschaft, Festgelage, Künstler, Liebe hier und dort, Autopannen, Hausmeister, Stadttheater und Sternstunden in Schwulenbars. Ich fühlte mich vom Leben reich beschenkt und nahm von allem etwas mit.

Dann kam die Kriminalpolizei. Der Buchladen, in dem Lederjacken, Hausbesetzer und Professoren gleichermaßen ein und aus gingen, stand im Verdacht, das Hauptquartier einer terroristischen Vereinigung zu sein. Morgens um sieben wurden die Wohnungen aller Mitarbeiter umstellt und gestürmt, so auch die meine. Den Kommissar, der unter meinem Schreibtisch kauerte und kopfschüttelnd in den dort gestapelten Dada-Zeitschriften blätterte, werde ich nie vergessen. Nach Stunden, in denen sie eigentlich jeden Knopf umgedreht hatten, fanden sie endlich ein abgefallenes Marihuanablatt – Grund genug, mich abzuführen und erkennungsdienstlich zu behandeln. Kein Müllmann oder Prospektverteiler ahnt, wie viel Adrenalin noch heute durch meine Blutbahn gejagt wird, wenn es unverhofft an meiner Wohnungstür klingelt. Von Macht und Gewalt, egal unter welchem Stern, hatte ich endgültig genug.

Auf der verzweifelten Suche nach einer äußerlichen Gestalt meiner Individualität schor ich mir die Haare und wurde ständig gefragt, ob ich Punk sei oder Buddhistin. Ich war aber alles, wie ich fand. In tiefer Selbstverständlichkeit Buddhistin war ich, wenn ich Haschisch rauchte, und auf einer unvergesslichen LSD-Reise mit Freunden kam ich in den Genuss der Vermutung, dass es so etwas wie eine authentische Instanz in mir gibt, ohne Fragen, ohne Qual, tief verbunden mit der Natur und den Menschen. In den Turbulenzen der Gruppendynamik hingegen war ich Punk. Ob es im Buchladen, in der Theatergruppe oder in der Wohngemeinschaft war: Ich stöberte Tabus in ihrem Versteck auf und stellte sie an den Pranger, ich versuchte, Selbstreflektion zu erzwingen, wo niemand sie wollte. Eine Freundin hat das einmal »missionarisch« genannt, und auch, wenn es mich schaudert, verstehe ich heute, was sie damit sagen wollte. Ich ertrug es nicht, dass nicht alle so dachten und fühlten wie ich.

Meine intimen Gefühle für andere Menschen, so wie mein persönlicher Sinn für Erotik, wollten auch nicht in die bereitgestellten Schubladen passen: Freundschaften nahm ich sehr ernst, und mehrmals meinte ich, der großen Liebe begegnet zu sein, gewachsen war ich ihrem emotionalen Ansturm aber fast nie. Es dauerte eine Weile, bis ich diesbezüglich souverän genug war, die Herausforderung einer Frau annehmen zu können, die entschlossen war, mit mir eine verbindliche Beziehung zu leben. Meine Freundin bekam – ihrer Zeit weit voraus – auf höchst unkonventionelle und erfreuliche Weise ein Baby, das inzwischen kaum mehr unter den Türrahmen passt und uns bis heute freundlich verbindet.

Künstlerisch wurde ich ein Joker. Ich lernte auf meine Weise rasant, sprang in jede Lücke, die anders nicht zu besetzen war. Plötzlich sang ich, führte Regie, spielte immer mehr Theater und Schlagzeug in verschiedenen Bands. Mit jeder neuen Aktivität tat sich ein wunderbarer, weiterer Erfahrungshorizont auf. In der Vielfalt war ich nicht festzulegen, Learning by doing war mein Metier, mit üben und Disziplin hingegen ging gar nichts. Die sogenannte sichere Existenz – im Buchladen – hatte ich mutig ein weiteres Mal gekündigt, und so stand, was aussah wie eine künstlerische Karriere, doch eher unter dem Motto: fröhliches Überleben. Einerseits war ich stolz, es zu so viel Freiheit gebracht zu haben, andererseits fühlte ich mich weniger als Musikerin, Sängerin oder Schauspielerin denn als Deserteurin, Hochstaplerin und im besten Falle talentierte Lebenskünstlerin. Welche Haken ich auch schlug, die Selbstzweifel waren immer dabei.

Meine Kreativität summte dennoch wie ein Bienenschwarm. Täglich hatte ich tausend Ideen, die mich in ihrer Fülle sogar verrückt machten. Die handelsüblichen Formate aber und der allgegenwärtige Anspruch auf Virtuosität quälten mich. Alle meine laufenden Projekte pulsierten, wie ich schließlich erkannte, längst am Rande ihrer oder meiner Entwicklungsmöglichkeiten. So kam das Abschiedsfest für unsere Band, und ich trennte mich nach elf Jahren von meinen theatralischen Lehrern.

Es war eine fragile Zeit. Ich wurde krank, mein Körper zeigte mir plötzlich Grenzen, die mir große Demut abverlangten. Ich konsultierte Wunderheiler und spirituelle Ratgeber und erhielt zum ersten Mal – was ich damals kaum verstand – Hinweise auf eine Kräfte verzehrende Sensibilität, die ich vor mir selbst zwar herunterzuspielen gelernt hatte, die aber dennoch für chronische Überforderung sorgte.

Das Kind war drei Jahre alt, als meine Freundin vom Schicksal in ein anderes Lebensprojekt katapultiert wurde und unsere Wege sich trennten. Sie zog aufs Land und ich in eine andere Stadt. Abschied war eine so zuverlässige Struktur in meinem Leben geworden, dass ich fast nicht schockiert war. Wieder einmal stand ich staunend am völligen Neubeginn, obgleich ich die Hälfte meines Lebens nun allemal durchschritten hatte. Ich ließ mich inspirieren von der Fülle und Freiheit der Großstadt und war bald eingebunden in künstlerische Aktivitäten und freundschaftliche Kontakte. Ich inszenierte Soloprogramme und schenkte mir einmal im Jahr eine eigenwillige Performance gegen das Verschwinden. Für die Miete und eine monatliche Fahrkarte jobbte ich an der Ladenkasse einer großen Buchhandlung und fuhr alle drei Wochen Nachtzug, um den Kontakt zu dem Jungen zu pflegen. Noch-einmal begab ich mich in Therapie, um mich in gewisser Weise endgültig zu berichtigen und mich in dieser Welt, dieser Gesellschaft, an irgendeinem angemessenen Platz verankern zu können. Land kam aber nicht in Sicht. Ich blieb in Bewegung. Die wichtigste und schönste Struktur in meinem Leben war die Kommunikation mit Menschen geworden, in Freundschaften, Herzensbindungen und gelegentlichen Projekten. Damit hatte ich gut zu tun.

Nach einer berührenden Folge von Todesfällen in meiner Familie und dem Untergang meines Arbeitsplatzes war ich gerade noch dabei, Nachlässe zu ordnen, Bücher zu sortieren und nach allen Regeln des Feng-Shui Klarheit in meine Angelegenheiten zu bringen, als sich dies weitgehend von selbst erledigte, weil ein Brand in meiner Wohnung, während ich verreist war, alles löschte, was vorher noch energetisch aufgeladen war. Von Hab und Gut ganz abgesehen, waren es meterweise Konzepte, Tonbänder, Fotos, Instrumente, eigentlich das komplette Zeugnis meiner Geschichte und treu wie ein Bächlein vor sich hin sprudelnden Inspirationen, die nun Sondermüll waren.

»Weniger ist mehr«, sagt mein kleiner Idiot und beruhigt mich: »Je absurder das Leben wird, desto leichter wird es auch.« Nie werde ich vergessen, wie mir nach Tagen der Aufräumarbeiten, in der Hitze des Sommers bei offenem Fenster, inmitten des grauenvollen Anblicks aus der feuchten Asche hellgrüne Grashalme entgegenwuchsen.

Innerlich wie äußerlich bin ich seitdem unterwegs, möglichst in der Gegenwart. Sie ist sehr abwechslungsreich: Manchmal bin ich glücklich, manchmal vollständig verloren, manchmal beides, und dann wieder keines von beidem. Die künstlerische Essenz, so sage ich mir, hat in meinem Innern eine Form gefunden. Da geistern ein paar alte, kauzige, tatsächlich liebenswerte Gestalten umher, die ich im »leeren Raum«, wie Peter Brook die Bühne nennt, ihr heiteres Unwesen treiben lasse. Sie sagen mir, dass die wichtigste Regel bei der Inszenierung absurden Theaters ist, auf die Liebe zu achten. Daran halte ich mich.

Mein physischer Weg führt mich durch möblierte Wohnungen, und ich achte darauf, dass meine Unordnung oder meine neuen Bücher den für sie vorgesehenen Koffer nicht schon wieder sprengen. Eins der Bücher beschäftigt mich besonders. Es erläutert Hochbegabung. Es schockiert mich. Es spiegelt mich. Es tröstet mich auch – und fordert mich neu heraus.

Ich denke über den indischen Bildhauer nach, der aus einem riesigen Stein einen Elefanten meißeln will und, befragt, wie er das anstellen wird, antwortet: »Ganz einfach, ich haue alles weg, was nicht wie ein Elefant aussieht.«

Die schon fast sprichwörtliche Alltagsuntauglichkeit Hochbegabter umschreibt die Verfasserin anrührend mit »der kleine Idiot in mir«. Dies betrifft das Scheitern an alltäglichen Aufgaben, weil man mit dem Kopf in den Wolken lebt oder schlicht auf wichtigere Dinge konzentriert ist. Aber es betrifft gleichermaßen die anhaltende kindliche Neugier, das naive Nachfragen und Nicht-Hinnehmen von einfachen Erklärungen und den Drang, jederzeit alles wieder neu infrage zu stellen. Gerade die hellsten Köpfe, so der amerikanische Wissenschaftler Bruce Charleton, bewahren sich aufgrund ihrer lebenslangen Lernbereitschaft ein kindliches, sprunghaftes Naturell und schwanken oft in ihren Prioritäten.

Bedingt alltagstauglich…

Die Verfasserin war ein äußerst sensitives Kind, das schon mit vier Jahren eine Art spirituelle Erfahrung machte, bei welcher ihr die eigene Sterblichkeit bewusst wurde. Die Begabungsforscherin Ellen Winner beobachtete solche frühen »ehrfurchtgebietenden Erfahrungen« in Studien über hochbegabte Kinder häufiger. Auch die Hinwendung zur Natur sowie das feine Gespür für Atmosphären und Stimmungen, für menschliche Nöte und Abgründe kommt bei hochbegabten Kindern und Erwachsenen oft vor. Manche beruhigen ihre starken Empfindungen, ihre Nervosität und ihr lebhaftes Denken, ähnlich wie autistische Menschen, mit dem Vertiefen in Muster, Strukturen oder monotone Tätigkeiten.

Ehrfurchtgebietende Erfahrungen

Außerordentlich interessant ist die Schilderung der Verfasserin, wie sie sich in das Bild der Schnecke vertieft, die das Gras wachsen sieht. Die Fähigkeit zum Wechsel der Perspektive ist vielleicht eines der zentralsten Merkmale von Hochbegabung überhaupt. Als der Musiker Glenn Gould als Kind zum ersten Mal mit seinem Onkel zum Fischen ging, sah er die Situation schlagartig für einen Moment mit den Augen des Karpfens, der an der Angel hing. Fortan wollte Gould nie wieder angeln gehen.

Die Fähigkeit zum Perspektivwechsel

Man könnte hier von einem *emotionalen Abstraktionsvermögen* sprechen, an dessen Anfang vielleicht nicht einmal eine spontane mitfühlende Reaktion steht, sondern die schlichte Frage: Wie sieht die Welt aus der Perspektive des anderen Individuums aus? Ebenso logisch und objektiv fragen hochbegabte Kinder: Warum gibt es Kriege? Warum bringen sich Menschen gegenseitig um? Warum müssen Leute hungern? Diese Fragen entspringen nicht nur dem Gefühl, sondern auch der Vernunft. Hochbegabte denken über das Gegebene hinaus, verlassen ihren subjektiven Blickwinkel und schauen aus der Vogelperspektive auf die Geschehnisse hinab. Dies trägt vermutlich auch zum eingangs beschriebenen Gefühl bei, von einem anderen Planeten zu stammen und das Treiben auf der Erde von dieser Warte mit gewisser Irritation zu betrachten. Wie weit Hochbegabte die Ergebnisse dieser Beobachtungen in moralisch integres Verhalten umsetzen, hängt natürlich nicht nur von ihrer Begabung, sondern auch vom Charakter des Einzelnen ab.

Der Blick von »oben«

Die Verfasserin beschreibt sich als ›zart und wild‹; dieser Widerspruch taucht bei vielen Hochbegabten auf (bei Frauen noch häufiger als bei Männern): Sie beschreiben sich als sehr selbstbewusst und sehr unsicher, sehr ängstlich und sehr mutig, sehr stark und sehr verletzlich. Beides ist richtig, nehme ich an, und entspricht den Licht- und Schattenseiten der Hochbegabung generell. Ein beinahe tragikomisches Beispiel sind die frühen sexuellen Erfahrungen, welche die schüchterne und abenteuerlustige Schreiberin sowohl in den »Zustand des Begehrens« als auch in Ohnmacht fallen lassen. Die Stärke der sensorischen Wahrnehmung betrifft bei Hochbegabten zumeist auch die körperlichen und sexuellen Empfindungen. Liebesbeziehungen sind häufig ebenfalls von dem Widerspruch zwischen heftigen Emotionen und großem Liebesbedürfnis einerseits sowie von Scheu, Unsicherheit und Verletzlichkeit geprägt. Wer stark empfindet und liebt, hat auch viel zu verlieren und muss sich daher besonders gut schützen. Wenn Hochbegabte dies wissen und respektieren, kann es die vielen Fallstricke in einer Partnerschaft häufig etwas, sagen wir, übersichtlicher gestalten.

Angst und Abenteuerlust

Das zweite Beispiel erzählt die Geschichte eines männlichen Lebenskünstlers. Man kann sagen, dass es bei ihm immer wieder körperliche Signale waren, die ihn gewarnt, beschützt oder in eine neue Richtung und letztlich zum Umsetzen seiner Begabungen gezwungen haben. Solche psychosomatischen Beschwerden (die keinesfalls ›eingebildet‹, sondern tatsächlich vorhanden sind) treten bei hochbegabten Kindern häufig auf, wenn sie in der Schule unterfordert und unter Gleichaltrigen unglücklich sind. Sie leiden an Allergien oder klagen über Bauchweh, Kopfschmerzen und Übelkeit. Der Verfasser des folgenden Textes musste den ungeliebten Kindergarten nicht mehr besuchen, nachdem er auf dem Weg dorthin mehrfach erbrach. In der Grundschule verspürte er beim Anblick der strengen Verbotstafeln körperliches Unbehagen und Bauchschmerzen. Später war es eine schwerwiegende chronische Darmerkrankung, die ihn nötigte, seinen Beruf als Lehrer aufzugeben und sich seinen eigentlichen Begabungen zuzuwenden. Heute vermutet er selbst, dass die Erkrankung eine Reaktion auf seine tiefe Unzufriedenheit im Beruf war. Nietzsche schreibt von der Wiedervergeltung »für jede noch so achtbare Tätigkeit, falls sie uns von unserer Hauptsache ablenkt (…). Krankheit ist jedes Mal die Antwort, wenn wir an unserem Recht auf *unsere* Aufgabe zweifeln wollen.«

Körperliche Warnsignale

»Alter schützt vor Begabung nicht oder: Am Ende bleibt die Unsicherheit«

Ich bin ein Kriegskind, 1943 früh im Jahr zur Welt gekommen. Meine Mutter hat mich im Bombenhagel auf Wien unter unvorstellbaren Bedingungen zur Welt gebracht. Die Bombenangriffe und Horrorszenen, die ich in Luftschutzkellern miterlebt habe, kenne ich nur aus Erzählungen und aus den tiefen Schichten meines Unterbewusstseins.

Meine früheste Erinnerung liegt in der Wohnung meiner Eltern zur Weihnachtszeit. Ich mochte diese Zeit nicht, weil sich da die Großen immer besonders vehement um irgendetwas stritten und ich mich dann meist in den entferntesten Winkel der Wohnung zurückziehen musste. Tat ich es einmal nicht, lief ich Gefahr, selbst zum Streitobjekt zu werden. Also verzog ich mich lieber und ließ meine Alten übereinander herfallen. Wenn es endlich im Wohnzimmer klingelte und ich eintreten durfte, blickten die Erwachsenen feierlich und gespenstisch drein, und meine Mutter stimmte die Gebetsrunde an, in die wir alle im Chor mit einfielen. Nachdem der letzte Ton von »Stille Nacht, heilige Nacht« verklungen war, durfte ich meine beiden Geschenke auspacken. Mutter kam mit der Schere und half das Geschenkband nicht etwa zu zerschneiden, sondern mit der Spitze der Schere zu lösen. Man musste es unbedingt für nächstes Jahr aufheben. Das war Recycling anno 1947 oder 48. Die Geschenke waren stets nützlich: meist gab es Socken oder Handschuhe – ganz selten war ein Brettspiel dabei. Wir hatten immer wenig Geld und es musste bei uns an allem gespart werden.

Früh im Leben machte ich auch Bekanntschaft mit der Musik. Wir besuchten eine befreundete Familie, die einen Flügel hatte. Vorsichtig tippte ich auf eine der Tasten. Jene rechts hatten mir es besonders angetan. Sie brachten sehr hohe und kaum mehr unterscheidbare Töne hervor. Zur gleichen Zeit bearbeitete die Tochter des Hauses die tiefen Tasten. Für uns klang es herrlich, aber die Alten hatten kein Verständnis für unsere musikalischen Ambitionen. Da brüllte mein Vater auch schon los: »Was hab ich dir gesagt? Du sollst das verdammte Klavier in Ruhe lassen! Komm sofort her, Hans!« Ich fing eine mittelschwere Ohrfeige ein, sodass ich die nächsten zwei Stunden nur noch auf einem Ohr hörte. Erst sehr viel später, im Zuge meiner Berufsausbildung, lernte ich Violine, Orgel und Klavier. Ich habe keine besonders schönen Erinnerungen an meine Kindheit. Mein Vater war ein Tyrann, ich glaube, der Krieg hat ihn dazu gemacht. Er hat an der russischen Front die Hölle erlebt, nur ein einziges Mal erzählte er mir davon. Ein Russe hatte ihm in den Rücken geschossen. Mein Vater hat körperlich überlebt, aber seelisch war er tot.

Den kirchlichen Kindergarten besuchte ich genau drei Tage lang. Auf dem Weg dorthin erbrach ich bereits das erste Mal, als ich von der bärenhaft anmutenden Tante in Empfang genommen wurde, das zweite Mal und auf dem Heimweg das letzte Mal. Nach drei Tagen war ich so entkräftet, dass meine Eltern dieses Ansinnen aufgaben.

Mit sechs wurde ich eingeschult, bekam einen strengen Lehrer und besuchte eine finstere Klasse, die im Winter mit einem Eisenofen beheizt wurde. Jede Stunde kam der Schulwart einmal vorbei und schaufelte Kohlen in den Ofen. Wir waren 35 Knaben, die Koedukation war noch nicht erfunden. Strafen waren an der Tagesordnung, Disziplin das Wichtigste. Die Erziehergeneration war erst ein paar Jahre aus dem Weltkrieg zurück. An der Wand hing die eherne ›Straftafel‹ mit den zehn Geboten des Lehrers: »Ich darf weder in der Klasse noch im Schulhaus laufen. Ich muss jeden Erwachsenen höflich grüßen. Ich muss vor jeder Stunde still auf meinem Platz stehen.« Natürlich musste jeder die Regeln auswendig hersagen können, um sie im Übertretungsfall zwanzig oder fünfzig Mal aufzuschreiben. Und sehr oft schrieben wir in faden Stunden bereits seitenweise unsere Sündenzettel vor. In besonders schweren Fällen mussten diese dann auch noch vom Vater unterschrieben werden. Bei mir zu Hause ging es dabei nie ohne Schläge ab. So kam es, dass allein der Anblick der Gesetzestafel mir körperliches Unbehagen und Bauchweh verursachten und ich mit meinem Freund beschloss, die Liste drastisch zu kürzen. Wir hatten fest ausgemacht, dass keiner den anderen verraten würde. Jemand muss mich aber doch verpfiffen haben, denn es dauerte keine zwei Tage und ich musste den Rest meiner Volksschulzeit auf einer anderen Schule absitzen.

Erst in der Schule ist mir so richtig klar geworden, was soziale Schichten sind und was sie in der Praxis bedeuten. Für mich hieß es, dass ich völlig auf mich allein gestellt war. Mich kränkte das nicht, ich war immer schon ein Einzelgänger und Spinner, aber dass wir fast überhaupt nichts besaßen und die anderen scheinbar alles, das störte mich schon sehr. Und da wir kein Geld hatten, lautete die Maxime meines Vaters: »Nur durch Leistung kann man es zu etwas bringen.« So duldete er nur ausgezeichnete Noten.

Ich war später fast immer ein Vorzugsschüler, ein Streber und Außenseiter, lernte Sprachen und Naturwissenschaften gleichermaßen gut. Eines Tages entschied mein Vater über die kommenden Jahrzehnte meines Lebens mit einem einzigen Satz: »Der Bub wird Lehrer! Da ist er finanziell abgesichert, hat enorm lange Ferien, im Alter eine saftige Pension und angesehen ist er noch dazu.«

Also wurde ich Lehrer. Aber die Praxis sah ganz anders aus, als man es uns während unserer Ausbildung einzutrichtern versucht hatte. Die ersten Wochen agierte ich wie in Trance, alles war ganz anders, als ich es mir vorgestellt hatte. Man hatte uns ein völlig falsches Berufsbild vorgegaukelt. Fast alles, was ich gelernt hatte, war in der Praxis völlig unzureichend, ja nutzlos. Damit konnte man sich nur blamieren und in kürzester Zeit Schiffbruch erleiden. Dann kam die erste Inspektion. Das Ergebnis der Überprüfung war niederschmetternd. Die sogenannten Zuständigen und Vorgesetzten waren derartig wirklichkeitsfremd und abgehoben, dass es schon wehtat.

Dass ich krank wurde, verstehe ich heute nur zu gut. Für mein Leiden gab es aber vor vierzig Jahren noch keinen Namen, und man stempelte mich zum ›Psychosomatiker‹. Die Krankheit zwang mich immer öfter, zu Hause zu bleiben, ich konnte meine Wohnung immer seltener verlassen. Trotzdem heiratete ich und zeugte mit meiner Angetrauten einen ganz famosen Sohn.

Da an ›normale‹ Freizeitbeschäftigungen mit meiner Behinderung nicht zu denken war, suchte ich mir Hobbys, die man in seinen vier Wänden praktizieren konnte. Anfangs las ich viel, schrieb selbst die eine oder andere Geschichte und begann mit dem Zeichnen und Malen. Mit der Zeit perfektionierte ich meine kleinen Begabungen, sodass sich deren Ergebnisse tatsächlich sehen lassen konnten. Natürlich hatte das alles seinen Preis – die sozialen Kontakte flauten ab, waren aber auch nicht mehr unbedingt nötig. Gleichzeitig entstanden in diesem Lebensabschnitt einige bemerkenswerte und gefragte Ölbilder (sie hängen heute an verschiedenen Plätzen in Europa und Amerika), und ich schrieb wie besessen Prosagedichte und Kurzgeschichten. Selbst meine Fotos und Filme waren mittlere Erfolge bei Ausstellungen und in der Werbung.

Mit der Zeit wurde die Belastung meiner Ehe durch die Krankheit immer größer. Nach vielen Jahren wurden wir geschieden – ich sackte etwas ab. Auch aus dieser Zeit gibt es jede Menge Texte.

Ich gehöre zu den Menschen, denen ihr äußeres Erscheinungsbild schon immer wurscht gewesen ist und die nicht die leiseste Ahnung haben, wie man sich wann und wo anzuziehen hat – trotzdem fand ich eine neue Partnerin. Wir heirateten in Las Vegas. Als Lehrer wollte und konnte ich nicht mehr arbeiten und strebte trotz gewaltiger finanzieller Einbußen eine frühe Pensionierung an. Vieles wurde danach leichter. Mein Gesundheitszustand besserte sich erheblich, und ich begann mit meiner zweiten Frau die Welt zu bereisen. Neben den Reisen schrieb und schrieb ich. Die Mengen waren enorm und sind es bis heute. Ich nahm mir nie die Zeit, meine Texte einzuschicken oder gar nach einem Verleger zu suchen. Aber die wenigen Leute, die mein Zeug lasen, waren begeistert davon. So vervielfältigte ich meine Arbeiten selbst – der aufkommende PC mit seiner Textverarbeitung kam mir dabei sehr entgegen. Hatte ich rund hundert Seiten beisammen, nannte ich den Packen Papier ein Buch, druckte alles aus, entwarf eine tolle Grafik und band das Buch selbst. Meine Texte wurden subtiler, der gradlinige und ruppige Ausdruck, der bewusst klein gehaltene Wortschatz blieben erhalten. Das Spektrum weitete sich, meine Ansichten wurden ein wenig toleranter. Meldete sich gar schon das heraufziehende Alter bei mir?

Die Verbreitung der Texte wurde auch durch das Internet sehr erleichtert. Ich stellte meine und die Texte vieler Mitautoren, die ich mit den Jahren kennengelernt hatte, auf verschiedenen Homepages der Öffentlichkeit zur Verfügung. Meist deutsche Literaturzeitschriften wurden auf mich aufmerksam und druckten mich. Seit einigen Jahren erscheinen Texte von mir auch in heimischen Gazetten – ein kleines Wunder, wenn man die hiesige Literaturszene kennt. Das Reporterteam eines Hochglanzmagazins besuchte mich in meiner Wiener Wohnung und machte Fotos von und ein Interview mit mir. Vollends stutzig wurde ich, als eine Dame von »Who's who« bei mir anklopfte und meine Aufnahme in dieses elitäre Werk forderte. Eine deutsche Underground-Zeitschrift verstieg sich sogar so weit, mich den ›Bukowski der Donaumetropole‹ zu nennen.

Immer die gleichen Fragen

Zum wievielten Mal streicht der Herbst die schiefen Birken
vor meinem Fenster mit seinem Van-Gogh-Gelb?

Zum wievielten Mal biegt der städtische Bus vorne
rot um die Ecke und gibt dabei lauthals Gas?

Zum wievielten Mal zieht der Narr über mir die Klospülung,
dass in meinem Bad die alten Rohre feucht klappern?

Zum wievielten Mal nehme ich den Besen aus der Ecke
und hämmere hinauf, dass der Arsch endlich Ruhe gibt?

Zum wievielten Mal kaue ich mit meiner Frau das Thema durch,
dass sie zumindest mit mir Frieden hält?

Zum wievielten Mal werfe ich den Bettelbrief der Blinden
samt dem Zahlschein in die überquellende Mülltonne?

Zum wievielten Mal stelle ich mich im Laden vorn
um Brot, Milch und ein hartes Stück Käse an?

Zum wievielten Mal senkt sich mein trüber Blick in die Geldbörse
zum letzten beschissenen Zehner?

Zum wievielten Mal kriecht mir die spinnenhafte Angst über
den Rücken und erzeugt heillose Unsicherheit?

Zum wievielten Mal wünsche ich mir beim Einschlafen,
dass die singende Sense unbemerkt im Dunkeln kommt
und der Wahnsinn für mich am Morgen ein Ende hat!

Inzwischen bin ich knapp 64 Jahre alt geworden, ich hab die meiste Zeit meines Lebens verplempert, nicht absichtlich und nicht erfolglos, aber ich hätte sie besser nutzen können. Was oder wer bin ich? Schriftsteller, Dichter, Maler, Fotograf, Lebenskünstler, gescheiterte Existenz? Kann ich fast alles – oder alles fast? Die letzten Jahre sind eigentlich die schwersten, die Gewissheit, dass es nun nur noch bergab geht, körperlich, geistig, gesellschaftlich – wer behauptet, das Alter sei etwas Schönes, kann mich mal kreuzweise. Zeit wird immer mehr zum Problem, und es ist schlimmer als alles, was ich je unter Lehrern, Pfarrern, Weibern oder Polizisten zu leiden hatte. Hätte nie gedacht, dass ich auch mal so ein Zitterarsch würde, der schon zum dritten Mal glaubt, dass der anbrechende Frühling sein letzter wäre. Mir rinnt die Zeit vor meinen Augen die Kloschüssel runter – Überweisungen, Arztbesuche, Katzenfutter, eingewachsene Zehennägel, Mahnungen, ungedeckte Schecks, die Augen alle paar Stunden eintropfen, die falschen Zähne dauernd reinigen, durchgebrannte Sicherungen, Kinder mit ihren Sorgen und Weiber mit ihren Wünschen und gerissene Schnürsenkel im falschen Moment. Das bring ich an einem Tag gar nicht mehr alles unter. Und der Körper meldet sich immer eindringlicher mit seinen Gebrechen zu Wort. In meinem Alter muss man ein gewisses Tempo vorlegen – den Entwurf für diese Biografie (vierzig Seiten!) habe ich deshalb in einer einzigen Nacht durchgeschrieben.

Es ist Zeit, die letzten Dinge anzugehen.[1]

Nicht alle Hochbegabten entsprechen dem Klischee abgehobener, über den Dingen schwebender Feingeister – manche sind durchaus bodenständig, derb, deftig und obszön. Sinnenfreuden und geistige Höhenflüge, feinsinnige Poesie und lauter Zorn sind ür sie kein Widerspruch. Schriftsteller wie Charles Bukowski, Anais Nin oder Henry Miller, bildende Künstler wie Pablo Picasso, Jackson Pollock oder Francis Bacon haben stets versucht, *alle* Aspekte des menschlichen Daseins in ihr Kunst- und Lebenswerk einzubeziehen, also auch die abgründigen, ›niederen‹, wollüstigen, schrecklichen und aggressiven Seiten.

Sehr anschaulich beschreibt der Autor den für Hochbegabte typischen Ärger über die lästigen Alltagsverpflichtungen, die ihm kostbare Lebenszeit für seine viel wichtigeren Anliegen rauben. Viele Hochbegabte haben schon ab zwanzig oder dreißig Jahren dauernd ihr gesamtes Leben im Blick und fragen sich fast täglich: »Führe ich das richtige Leben? Sollte ich nicht ganz woanders sein und etwas ganz anderes tun? Was habe ich bisher erreicht und was will ich noch erreichen? Ist das, was ich tue, wirklich sinnvoll und bedeutsam? Werde ich es überhaupt je schaffen, etwas Bedeutsames zu leisten?« Sie haben, oft mehr als andere, die Endlichkeit des Lebens und die stets knapper werdende Zeit vor Augen und fühlen sich wie getrieben, noch etwas Großes zu erreichen. Die Tagebücher der hochbegabten Lebenskünstlerin Franziska zu Reventlow etwa legen hiervon beredtes Zeugnis ab: »Ach, ich bin gelaufen, gelaufen und hingefallen, wieder auf-

Stets das gesamte Leben im Blick

[1] Der Autor bat mich um die Anmerkung, dass einige seiner Textpassagen seinem Prosawerk entnommen sind.

gestanden, umgeworfen, wieder aufgestanden, bis ich da angekommen bin, wo mein Ziel anfängt. Und dann die Angst und die Zweifel und das Kräfteversagen und die Müdigkeit. Aber immer dahinter das Gefühl, ich muss noch etwas Großes zusammenbringen. Das verlässt mich nie.« Manche Hochbegabte spornt dieser Drang zu überragenden Leistungen an; andere wiederum fühlen sich von der Last ihrer Ansprüche und der Kürze ihrer Lebenszeit so erdrückt und gelähmt, dass sie ihr ›Werk‹ kaum angehen können.

»Am Ende bleibt die Unsicherheit«, betitelt der Schreiber seine Biografie. Hochbegabung ohne Unsicherheit und Zweifel gibt es nicht. Das Leben und seine ›Wahrheiten‹ sind immer komplex, widersprüchlich, dynamisch und wechselhaft. »Es sind die orientierten, weitblickenden Urteile, die auf Statistik und Erfahrung beruhenden Prognosen, die Feststellungen, die damit beginnen ›Schließlich muss ich es doch wissen‹, es sind die abschließenden und soliden Statements, die unwahr sind«, sagt der Philosoph Adorno. Sich dieser Unsicherheit gleichsam anheimzugeben, ist für Hochbegabte zwar oft quälend und anstrengend, aber auch lebendig, anregend und schöpferisch.

6. Hochbegabung ohne Bildung?

In einigen der vorangehenden Fallgeschichten wurde bereits deutlich, dass Hochbegabte sich oft auch ohne jede elterliche oder schulische Förderung Wissensinhalte aneignen, sich selbst das Lesen, Schreiben und Musizieren beibringen oder im Erwachsenenalter auf Umwegen eine höhere Schulbildung erreichen. Wenn die Lebensumstände oder die familiären Bedingungen jedoch jegliche Bildungsmöglichkeiten vorenthalten, zum Beispiel bei einem Kind, das in Kriegszeiten aufwächst oder auf der Straße oder in einer Arbeiterfamilie, und der Betreffende vielleicht noch als Erwachsener gar nicht daran *denkt*, sich Zugang zu Bildungsangeboten zu verschaffen, weil er sich nicht für intelligent genug hält und er somit über keinerlei Bildung im klassischen Sinne verfügt – kann man dann überhaupt von Hochbegabung sprechen? Die wissenschaftliche Theorie sagt ›ja‹, denn sie unterscheidet zwischen bildungsabhängiger und bildungsunabhängiger Intelligenz. Aber wird in der Praxis eine Person tatsächlich als hochbegabt erkannt oder anerkannt, die möglicherweise nicht richtig lesen und schreiben kann, einen eingeschränkten Wortschatz und wenig Allgemeinwissen besitzt? Und wird die betreffende Person jemals selbst auch nur im Traum daran denken, besonders befähigt zu sein?

Die beiden folgenden Geschichten sollen dieser Frage näher auf den Grund gehen, ohne sie vollständig beantworten zu können. Beide Schreiberinnen besitzen nur wenig ›klassische‹ Hochbegabungsmerkmale, aber sie zeigen Erfindungsgeist, emotionalen Spürsinn, soziale Kompetenzen und Lebensklugheit sowie ausgeklügelte Überlebensstratgien und exzellente Problemlösefähigkeiten. Auch hier stößt man auf das eigentümliche Paradox, dass der Kampf ums körperliche oder seelische Überleben einerseits die Entfaltung von Begabungen zu verhindern und andererseits welche hervorzubringen scheint.

»Eine lange Reise«

Heute, mit 68 Jahren, kann ich sagen, dass mein bisheriges Leben ein großes Abenteuer war. Ich möchte es als schwierige, schöne, aufregende, schmerzliche, wunderbare Reise bezeichnen. Auf dieser Reise gab es unendlich viele Erfahrungen zu sammeln; aus diesem Erfahrungsschatz kann ich immer wieder schöpfen. Wie auf einer Perlenschnur reihten sich bis heute viele Erlebnisse seit dem Jahr 1936 – dem Jahr meiner Geburt in Dresden – auf, die das Chaos jener Zeit spiegelten, aber auch den Mut und die Hoffnung. Der Wille zu überleben war während meiner Kindheit in den Kriegsjahren ein starker Motor. Unser Vater war an der Front und nur ganz selten auf Urlaub zu Hause, sodass meine zwei Jahre jüngere Schwester und ich mit unserer gehörlosen, hilfsbedürftigen und psychisch kranken Mutter das Leben so gut wie möglich zu meistern hatten. In dieser Zeit habe ich gelernt, Stütze und Hilfe zu sein und die Wünsche und Bedürfnisse anderer wahrzunehmen und zu erfüllen. Natürlich waren diese sensitiven Wahrnehmungen damals für mich auch immer mit dem bewussten oder unbewussten Wunsch, geliebt zu werden, verbunden. Ich fühlte mich ungeliebt und unerwünscht und tat demzufolge alles, von meiner Mutter Liebe und Anerkennung zu erhalten. Dies war der zweite starke ›Motor‹ in meiner Kindheit, und ich habe erst viel später erkannt, dass mir trotz oder gerade wegen des vielen Leids in dieser Zeit sehr viele Fähigkeiten zugewachsen sind.

Mein seelisches und körperliches Überleben zu sichern erforderte ein großes Maß an Erfindungsgeist, Mut und Tatkraft. Ich übernahm schon mit fünf Jahren die Rolle der Ernährerin in der Familie und sorgte für die Nahrungsbeschaffung. Im Alter von sechs Jahren fuhr ich allein mit dem Zug aufs Land, suchte Bauernhöfe auf, versteckte mich in Hühnerställen, um Eier zu stehlen und mit nach Hause bringen zu können. Mein Einfallsreichtum war fast unerschöpflich – allerdings auch nicht immer ganz ehrenhaft und ungefährlich. Da war zum Beispiel die Sache mit den wunderschönen Kirschen in einem fremden Garten, welche ich unbedingt mit nach Hause bringen wollte. Es war schon fast dunkel, als ich an jenem Abend in den Garten schlich und auf einen der Kirschbäume kletterte. Plötzlich öffnete sich die Tür des Hauses, ein Mann kam heraus und richtete sein Gewehr auf mich. »Wer ist da?«, brüllte der Mann. Ich war zu Tode erschrocken, starrte in die Dunkelheit und antwortete nicht (aber mein Herz hätte er eigentlich klopfen hören müssen). Mir war nicht bewusst gewesen, dass ich ein blütenweißes Kleidchen anhatte, das selbst in der Dämmerung weithin sichtbar war. »Mach, dass du verschwindest«, rief der Mann. Ich kam mit dem Schrecken davon, aber leider ohne die leckeren Kirschen. Ein anderes Mal stand ich am Zaun eines Gefangenenlagers und hoffte, etwas Essbares zu finden. Ich schlich zur Feuerstelle hinter dem Zaun und suchte in der warmen Asche nach Kartoffeln, die dort manchmal vergessen wurden. Plötzlich tauchte einer der Gefangenen auf, er sah furchterregend aus und packte mich am Arm. Ich konnte mich aber losreißen und rannte davon. Beim Weglaufen sah ich noch seine Geste, mit der er mir bedeutete, mich beim nächsten Mal umzubringen. Dieses Erlebnis verfolgte mich noch lange. Manchmal wurde mir aber von den Gefangenen auch etwas geschenkt, ein Stück Brot oder eine

Kartoffel. Einmal luden sie mich sogar in ihre Baracke ein, um mir etwas zu essen zu geben. Erst da sah ich, unter welchen schrecklichen Bedingungen die Männer hausten; viele lagen schwach, krank und abgemagert auf ihren Holzpritschen. Dass sie mir trotz ihrer elenden Lage von ihrem wenigen Essen noch etwas abgaben, beeindruckte mich auch im Nachhinein noch tief. Andere Menschen waren weniger freigiebig, obwohl es ihnen viel besser ging. Vor einem Haus fragte ich einmal eine Gruppe von Erwachsenen, ob sie etwas zu essen für mich hätten. Sie wiesen mich unwirsch ab und scheuchten mich davon. So freute ich mich diebisch, als ich auf der Rückseite des Hauses eine offene Küchentür entdeckte und daneben ein (ganzes!) Brot. Kurz darauf gehörte das Brot mir, ich stahl mich überglücklich davon und brachte meine Beute stolz nach Hause.

Die Schule, die ich bis zur Obertertia besuchte, war für mich grässlich. Erstens, weil ich nie pünktlich sein konnte; meine Anwesenheit im Unterricht ließ überhaupt sehr zu wünschen übrig, denn ich fand immer, dass es »draußen« viel mehr zu lernen und zu entdecken gab. Zweitens hatte ich für das Verständnis von Vokabeln, Grammatik und Zahlen ein Sieb im Kopf. Ich habe eigentlich nie für die Schule gelernt. Völlig unverständlich war für mich, dass ich es dennoch immer wieder schaffte, mein Klassenziel zu erreichen, wenn es darauf ankam. Unter meinen Zeugnissen war oft zu lesen: »Intelligent, aber faul«. Diese Meinung konnte ich damals nicht teilen, ich fand mich eigentlich nur faul. Aber dafür war ich erfinderisch und las schon mal einen Aufsatz aus einem völlig leeren Heft vor. Als die Lehrerin dann auf mich zukam und um mein Heft bat, fiel ich allerdings vor Angst fast in Ohnmacht.

Nachdem wir Bombennächte, viele Ängste, Chaos und Hungersnot überstanden hatten, folgte die Flucht bei Nacht und Nebel. Unser Vater war gekommen, um uns in den Westen zu holen. Wieder waren es Tage und Nächte, die furchteinflößend und sehr anstrengend waren, aber in der Familie gab es einen Zusammenhalt, wie ich ihn nie vorher und nachher erlebt hatte, und auch ich konnte meinen Teil dazu beitragen. Wie gesagt, ich habe außerhalb der Schule weit mehr gelernt: Wenn ich zum Beispiel mit Menschen zusammentraf, die russisch oder englisch sprachen, so dauerte es nicht lange, bis ich mich in dieser Sprache verständigen konnte. Diese Begabung half uns auch bei der

Flucht und rettete vielleicht sogar meinem Vater das Leben, der von russischen Soldaten mit Maschinengewehren bedroht wurde. Ich war etwa sieben Jahre alt und weiß nicht mehr genau, was ich sagte, ich begann einfach, auf russisch draufloszureden, sodass die Soldaten ganz erstaunt und erfreut waren. Ich überließ ihnen noch einige meiner kleinen Raritäten aus meinem Rucksack, und die Soldaten ließen uns laufen, Gott sei Dank; bei der Flucht durch den Wald verlor ich dann aber meine Puppe Gerda, was ein großer Verlust für mich war. Unsere Flucht glückte.

Im Westen folgte für mich eine Zeit Einsamkeit, ich fühlte mich allein und unverstanden. Ich vermisste meine vertraute Umgebung, mein bester Freund war im Osten geblieben, und selbst meine Aufgaben während der Kriegszeit fehlten mir. Es war mir in diesen Jahren nicht möglich, Fuß zu fassen, eine Heimat zu finden, weder im Inneren noch im Äußeren. Später dann, im Berufsleben, war es ähnlich. Ich arbeitete als Kontoristin und Sekretärin, war jedoch auch da irgendwie am falschen Platz, bis ich mit 25 Jahren heiratete und einige Zeit später zwei wundervolle Töchter bekam. Meine Ehe dauerte leider nur zehn Jahre und war sehr unglücklich. Im Laufe der Jahre hatte ich mich irgendwie verloren. Ich wusste gar nicht mehr, wer ich bin, welches meine Bedürfnisse waren, ich hatte viel von meinem eigenen Willen eingebüßt. Aber die Liebe zu meinen beiden Kindern war mein größtes und schönstes Geschenk, das ich bis heute in tiefer Dankbarkeit genieße. So ging ich mit meinen beiden Töchtern (damals sieben und neun Jahre alt) aus der Ehe in eine recht ungewisse Zukunft. Ich lernte, wieder selbstständig zu sein, mir wieder selbst zu vertrauen und mich an unserem neuen Leben, trotz einiger Entbehrungen, zu erfreuen. Ich bekam eine Stelle in einem Textilgeschäft bei kläglicher Bezahlung, aber ich hatte Arbeit und Geld für uns. Nur dass ich meine Kinder zeitweise allein lassen musste, schmerzte mich sehr. Ganz mutig heiratete ich ein zweites Mal. Aber offensichtlich hatte ich meine Aufgaben noch nicht richtig gelernt, denn auch diese Ehe scheiterte nach zehn Jahren. In der Zwischenzeit hatte ich selbst ein kleines Textilgeschäft eröffnet, welches schnell zur Beratungsstelle für alle Hilfesuchenden in der Umgebung geworden war. Im Hintergrund meines ›Helfersyndroms‹ standen immer die Angst vor Bestrafung und der Wunsch, gelobt, anerkannt und geliebt zu werden. Ich hatte kein Selbstwertgefühl und ordnete mich unter bis zur Selbstaufgabe, bis ich schließlich zusammenbrach und krank wurde. In dieser Zeit machte ich mir viele Gedanken über eine Veränderung. Es folgte eine Sinnsuche und -findung. Dabei konnte ich sehr gut erkennen, dass ich in meinem Leben immer wieder die Grenzen meines Gebens überschritten hatte.

Obwohl ich einerseits wusste, dass ich im täglichen Leben etwas leistete, hatte ich doch immer auch das Gefühl, nicht gut genug zu sein. Ich bürdete mir immer mehr auf und fühlte mich immer schlechter und minderwertiger.

Irgendwie fühlte ich mich immer ›daneben‹, nicht zugehörig und auch einsam. Oft versuchte ich mich anzupassen, was aber meist misslang, weil ich nicht mehr authentisch war. Es fiel mir schwer, leichte und oberflächliche Gespräche zu führen, ich konnte einfach nichts dazu beitragen; ich wollte ja auch etwas Intelligentes sagen, aber oft war da nur Leere. Es waren häufig ganz banale Dinge, die mich daran hinderten, mich Situationen ganz zu öffnen, zum Beispiel laute Geräusche wie Türenknallen, laute Stimmen, Baulärm oder hektischer Autoverkehr. So etwas erzeugt bei mir körperliches Unbehagen, manchmal auch Angst, und dann muss ich mich zurückziehen.

Aus der ständig zunehmenden Beratertätigkeit in meinem Geschäft entwickelte ich meine ›Berufung‹ zur Lebensberaterin, Reiki- und Meditationslehrerin. Jahrzehntelang hatte ich kein einziges Buch zur Hand genommen, und auf einmal las ich mehrere Bücher in einer Nacht. Aber auch bei dieser Arbeit kam mein ausgeprägtes Helfersyndrom wieder zum Tragen, ich hatte wohl unbewusst den Wunsch, ›die Welt zu retten‹, und verausgabte mich wieder vollkommen. Ich habe mich wieder vergessen, bin wieder über meine Grenzen gegangen. Ich wusste immer, was ich ›muss‹, aber nie, was ich von Herzen wollte. Das zieht sich durch mein Leben wie ein roter Faden. Meine Mutter hatte immer gesagt, ich hätte nicht kommen sollen, und so habe ich wohl in meiner Kindheit gelernt, mir mein Dasein verdienen zu müssen, indem ich mich für andere aufopfere. Auch nachdem mir meine Mutter kurz vor ihrem Tod sagte, dass sie mich immer geliebt habe, schaffte ich es nicht, auf meine innere Stimme zu hören. Bis mich eine weitere schwere Krankheit zur Besinnung brachte. Die behandelnde Ärztin sagte: »Da kann man nichts mehr machen.« Dadurch bin ich aufgewacht. In der anschließenden Zeit des Rückzuges und der Erholung merkte ich immer deutlicher, dass mir etwas Wichtiges fehlte. Eine Unterhaltung mit meiner Tochter brachte die Sprache aufs Malen. Mein Vater war ein erfolgreicher Kunstmaler, ich hatte diese Gabe wohl von ihm geerbt und wollte als junges Mädchen selbst Malerin werden. Nachdem ich aber auf der Kunstschule abgewiesen worden war, malte ich immer seltener und gab es irgendwann ganz auf. Nach längerem Zögern und Zweifeln habe ich den Zugang zur Malerei wieder gefunden und darf nun meine Kreativität ausleben. Ich kann anderen Menschen damit weiterhin hilfreich sein und gleichzeitig die Person leben, die ich bin. Ich male voller Begeisterung und tue dies auch zusammen mit Kindern und älteren Menschen. Und ich halte Vorträge und Seminare, in denen ich anderen aufzuzeigen versuche, wie man glücklich und zufrieden leben kann, auch wenn die äußeren Umstände nicht immer dazu angetan sind. Für diese Arbeit waren meine Lebenserfahrungen und -umstände immens wichtig.

Ob ich im eigentlichen Sinne hochbegabt bin, weiß ich nicht. Ich konnte früh gut zeichnen, ohne je Unterricht erhalten zu haben; die notwendigen Grundkenntnisse und Techniken habe ich mir selbst angeeignet. Ich spreche bis heute zwei Fremdsprachen fließend, ohne sie je richtig gelernt zu haben. Mit knapp 20 brauchte ich dringend Arbeit und habe bei meiner Bewerbung als Kontoristin und Stenotypistin einfach behauptet, Stenografie und Schreibmaschine zu beherrschen; beides habe ich mir im Laufe der ersten Arbeitswochen heimlich selbst beigebracht. Man sagt mir ein (über)großes Einfühlungsvermögen nach und eine besondere Gabe, andere zu verstehen und ihnen in wichtigen Lebensfragen behilflich zu sein.

Aus diesen Gründen halten mich manche für besonders begabt. Mit Lektüre zum Thema Hochbegabung kam ich erst vor etwa zwei Jahren in Berührung, und mir fielen zu meinem Erstaunen sehr viele Übereinstimmungen zu meinem eigenen Wahrnehmen und Erleben auf. Aber da ich keine abgeschlossene Schul- und Berufsausbildung habe und (außer vom Leben selbst) nie gefördert wurde, konnte ich manche ›konventionellen‹ intellektuellen Begabungen vermutlich nicht so entfalten, wie es anderen Hochbegabten möglich war.

Ich fühle mich heute ausgeglichen und glücklich, bin dankbar für mein Leben und lasse mich überraschen von den Gaben, die ich noch empfangen werde – hoffentlich sind noch viele schöne Perlen dabei.

Lebensgeschichten wie diese nötigen mir allerhöchsten Respekt ab. Ich bewundere sehr, wie jemand an derart schwierigen, traurigen und extrem harten Lebensbedingungen nicht verzweifelt, sondern immer wieder den Mut fasst weiterzugehen und sogar noch die Fähigkeiten schätzen lernt, die man aus leidvollen Erfahrungen mitgenommen hat. Mir war es lange nicht möglich, mich mit dem Schicksal von Kriegskindern zu befassen, weil es mich zu stark berührte und verfolgte. Nachdem meine eigene Familiengeschichte mich aber mehr und mehr dazu nötigte, entdeckte ich, dass so manches Kriegskind ein kleiner Abenteurer war, der in seiner Welt (die er nicht anders kannte) durchaus auch beglückende Erfahrungen machte und durch die Vervollkommnung seiner Fertigkeiten kleine Triumphe erlebte. Tatsache ist, dass auch die Schreiberin dieser Geschichte hohe Sensibilität, Unsicherheit und Ängstlichkeit mit einem hohen Maß an Mut und Abenteuerlust verbindet. Ihre sprachlichen, alltagspraktischen, künstlerischen und beruflichen Fertigkeiten eignete sie sich ganz selbstverständlich und nebenbei (und manchmal auch aus schierer Not) an.

Begabungen können helfen zu überleben

Vielleicht war es die vollkommene Konzentration auf ihre emotionalen und sozialen Fähigkeiten, ihr Mitgefühl, die Sorge um andere und das Helfenkönnen, welche in der Kindheit der Schreiberin dazu beitrugen, dass sie sich nicht ganz und gar ohnmächtig fühlte. Diese besonders ausgebildeten Fähigkeiten brachten ihr in vielen Phasen sozialen und beruflichen Erfolg. Andererseits wurde ihr das starre Beibehalten ihrer in der Kindheit erworbenen Überlebensstrategien beinahe zum Verhängnis. Als Resultat der lebenslangen Selbstaufgabe erkrankte sie lebensbedrohlich und schreibt sehr zutreffend, erst dadurch erkannt zu haben, dass sie ihre kreativen Seiten nun ausleben »darf«; das heißt, sie erlaubt sich jetzt mehr gesunden Egoismus, indem sie *ihre* Aufgabe verfolgt und das tut, was ihr selbst am meisten Freude bereitet, nämlich die Malerei. Daher zeigt auch diese Fallgeschichte, wie elementar die Beachtung und Entfaltung der eigenen Begabung für ein gesundes und erfülltes Leben ist.

Hochbegabung in einer Arbeiterfamilie

Im zweiten Beispiel wächst ein hochbegabtes Mädchen in einer einfachen Arbeiterfamilie auf, in welcher Bildung und Begabung geradezu systematisch verhindert und unterdrückt werden. Es will fast scheinen, als ›dürfe‹ ein Kind aus unterer sozialer Schicht nicht begabt sein. Fatal ist, dass das Kind eine solche Auffassung verinnerlicht und oft lebenslang beibehält. Mir fällt jedoch auf, dass Hochbegabte dabei fast immer ein unbestimmtes Gefühl mit sich herumtragen, das ihnen sagt: ›Irgendetwas kann hier nicht stimmen. Ich weiß nicht warum, aber ich glaube, ich gehöre nicht auf die Haupt- oder Sonderschule, ich gehöre nicht ans Fließband.‹

In der Kindheit der Verfasserin werden zahlreiche Anzeichen für eine besondere geistige Befähigung übersehen, die Umgebung scheint hierfür blind zu sein, wenn ein Kind aus einfachen Verhältnissen stammt, Dialekt spricht, sich sprachlich nicht gut ausdrücken kann und vielleicht noch schweigsam, scheu und ängstlich ist. Zunächst liest sich die folgende Biografie wie ein Katalog typischer Auffälligkeiten hochbegabter (Klein-)Kinder: geringes Schlafbedürfnis, erhöhte Lärmempfindlichkeit, ausgeprägter Erkundungsdrang, großer Wissensdurst, viele detaillierte Fragen, dauerndes Beschäftigtseinwollen, sehr frühe Sprachentwicklung; Abneigung gegen größere Gruppen, Rückzug im Kindergarten, Bevorzugen von ruhigen Spielen mit Einzelnen, Orientierung an älteren Kindern.

Bereits beim Schuleintritt ist die Schreiberin durch das abwertende, aggressive Erziehungsverhalten der Eltern und die Erfahrungen im Kindergarten so verunsichert, dass sie ihre Leistungsfähigkeit nicht recht zum Ausdruck bringen kann. Zu ihrem Unglück trifft sie auf eine Lehrerin, die sie in ihren Befürchtungen, dumm zu sein, bestätigt; der soziale Status des Kindes scheint dabei eine nicht unwesentliche Rolle zu spielen. Die besonders feinfühlige Schreiberin reagiert mit psychosomatischen Beschwerden, die jedoch, ebenso wie ihre in der psychologischen Untersuchung festgestellte hohe Intelligenz, ignoriert werden. Eine Abwärtsspirale, wie man sie bei so manchem hochbegabten Kind beobachtet, kommt in Gang: Die anhaltende Unterforderung und Langeweile führen zu Konzentrationsproblemen und Leistungsabfall; Angst, Unsicherheit, Selbstzweifel und Scham werden weiter verstärkt. Lehrer und Eltern werden somit stets aufs Neue in ihrer Überzeugung bestärkt, es mit einem unintelligenten Kind zu tun zu haben, und teilen ihm dies direkt oder indirekt mit. Man traut ihm immer weniger zu und gibt ihm immer einfachere Aufgaben, an welchen jedoch gerade Hochbegabte oft scheitern. In dieser Geschichte zeigt sich, wie in vielen von mir begleiteten Fällen, dass die Förderung und Wertschätzung durch eine einzige Lehrkraft genügen kann, um die Dinge zum Besseren zu wenden. Dass hier der betreffende Lehrer nach kurzer Zeit die Schule wieder verlässt, mutet beinahe tragisch an.

Ein Teufelskreis aus Unterforderung, Selbstunsicherheit und Lernproblemen

Wenn Hochbegabte dann eine Hauptschule besuchen, kommt das Problem hinzu, dass sie sich unter ihren Mitschülern vollkommen fremd fühlen und kaum Möglichkeiten haben, Kontakte zu anderen aufzubauen. Das bedeutet, dass hier sowohl die Unterforderung als auch das Außenseitertum extrem ausgeprägt sind und somit die Wahrscheinlichkeit des sozialen und schulischen Scheiterns extrem hoch. Während ihrer Berufsausbildung gelangt die Schreiberin endgültig zu der Auffassung, selbst für die leichtesten Aufgaben »zu blöd« zu sein.

»Am liebsten wäre ich unsichtbar gewesen«

Meine Mutter erzählte, dass ich als Baby sehr unruhig und lärmempfindlich war. Ich galt als sehr waches Exemplar, brauchte wenig Schlaf und hätte oft die Nacht zum Tag gemacht. Zum Leidwesen aller Beteiligten wollte ich dauernd beschäftigt werden, man musste dauernd hinter mir her sein, weil ich sehr neugierig war und viel auf Entdeckungsreisen ging. Bereits mit acht Monaten fing ich an zu sprechen, und sobald ich kleine Sätze formulieren konnte, löcherte ich meine Eltern ohne Unterlass mit Fragen.

An den Kindergarten konnte ich mich lange nicht gewöhnen, ich fand die vielen Kinder und den großen Lärm furchtbar und weinte oft. Meistens habe ich mich in stille Ecken verzogen, wo ich meine Ruhe hatte und allein spielen konnte. Mit gleichaltrigen Kindern hatte ich keine Kontakte, ich fühlte mich immer zu älteren hingezogen, aber die akzeptierten mich meistens nicht. Einige Zeit später fand ich eine Freundin und überredete sie, aus dem Kindergarten zu verschwinden und zu ihr nach Hause zu gehen. Sie wohnte auf einem Bauernhof, und ich fand es dort hochinteressant. Als ich mittags nach Hause kam, wurden wir schon von der Poilzei gesucht, und es gab einen Riesenärger. Ich glaube, ich habe mich schon damals oft unverstanden gefühlt und mich innerlich zurückgezogen. Mein drei Jahre jüngerer Bruder war im Gegensatz zu mir immer ganz brav und still, und ich war oft wütend auf ihn, weil er so viel gelobt wurde. Wenn ich Fragen stellte oder etwas erzählte, wurde ich von Erwachsenen oft ausgelacht und schämte mich dann. Vor allem mein Vater machte mich lächerlich oder brüllte mich an, wenn ich was Falsches tat oder sagte. Ich hatte dauernd Angst vor ihm und habe schon früh angefangen, genau aufzupassen, wann ich zu wem etwas sagte.

Im Nachhinein glaube ich, dass ich viel Energie aufbringen musste, um herauszufinden, was ich tun oder lassen musste, um nicht ausgeschimpft zu werden. Ich lernte, so unauffällig wie möglich zu sein und mich meinem Umfeld immer so gut es geht anzupassen.

Schon zur Zeit meiner Einschulung war ich sehr verunsichert. Meine Klasse war wild und laut, und viele Schüler waren sehr dominant, sie konnten sich einfach besser behaupten als ich. Unsere Klassenlehrerin machte den ›Wert‹ eines Schülers davon abhängig, welche berufliche Position die Eltern hatten. Ich kam aus ganz einfachen Verhältnissen und sprach starken Dialekt. Die Lehrerin ließ kaum eine Gelegenheit aus, mich deshalb zurechtzuweisen oder bloßzustellen. Meine ganze Schulzeit bestand eigentlich aus Angst – Angst vor der Lehrerin, Angst vor meinen Mitschülern, Angst, mich zu blamieren, wenn ich Fragen stellte oder etwas sagte. Deshalb fing ich schon in der ersten Klasse an, ab und an Schule zu schwänzen; dabei hatte ich wiederum große

Angst, dass es herauskommt. In Mathe war ich gut, weil man da nicht schreiben und reden musste; nur Textaufgaben fielen mir schwer, weil ich oft nicht genau wusste, was gemeint war, und mich nicht zu fragen traute. Auch mit Deutsch hatte ich Mühe; zum einen wegen meines Dialekts (ich schrieb so, wie ich sprach) und zum andern, weil ich bis heute finde, dass unsere Sprache nicht logisch aufgebaut ist. Außerdem hatte ich einen kleinen Sprachfehler. Meine Lehrerin meinte, ich hätte Legasthenie, und ich musste einen Test machen. Vor lauter Angst schrieb ich bei jemandem ab, der wirklich Legasthenie hatte, und der Verdacht der Lehrerin war damit bestätigt. Zu Hause habe ich das verschwiegen. Aber es wurde im Zeugnis vermerkt, und als meine Eltern es lasen, gab es bösen Ärger zu Hause. Meine Eltern wussten zwar gar nicht, was Legasthenie ist, aber es wurde erst mal geschrien.

Wenn ich Hausaufgaben machte oder zu lernen versuchte, funkte mein Vater immer dazwischen und brüllte mich an, dass ich blöd wäre und zu nichts tauge. Irgendwann war ich dann so blockiert, dass ich tatsächlich nichts mehr konnte. Meine Leistungen wurden immer schlechter. In der zweiten Klasse hatte ich dauernd Kopfschmerzen und Schlafstörungen und wurde in einer Kinderklinik untersucht. Es wurde auch ein Intelligenztest gemacht, und der Arzt sagte zu meiner Mutter, ich sei organisch gesund und sehr intelligent, hätte aber große seelische Probleme. Weiter geschah nichts, niemand kümmerte sich um mich.

Wenn mir jemand eine Frage stellt, geht es mir bis heute oft so, dass ich ganz komplizierte Überlegungen anstelle und mir Gedanken darüber mache, wie ich die Antwort so formulieren kann, dass man mich versteht. Jedes Mal ging es so aus, dass andere die Antwort einfach sagten und ich ganz erstaunt war, dass ich da nicht draufgekommen bin, es war ja eigentlich ganz leicht. Ich habe geglaubt, nicht normal zu sein, und hatte immer Angst, dass jemand das entdeckt. Am Ende der Grundschulzeit war ich sicher, geistig behindert oder zumindest völlig dumm zu sein. Manchmal wünschte ich, ich wäre tot.

Ich versuchte, Kontakt zu meinen Mitschülern zu bekommen, indem ich mich anpasste und sie imitierte. Ich achtete genau darauf, was man von mir erwartete, und überlegte: »Wenn ich diesen Schritt tue, könnte das die Folge sein – wenn ich das tue, passiert jenes.« Meine Gedanken waren wie Strategien in einem Schachspiel, und ich dachte immer einige Schritte voraus, um ja nichts falsch zu machen.

In der Förderstufe hatte ich einen Mathematiklehrer, mit dem ich mich gut verstand; bei ihm erlebte ich zum ersten Mal, dass mir jemand etwas zutraute. Er lobte meine schriftlichen Arbeiten und sprach mir Mut zu, mich mündlich mehr zu beteiligen. Ich versuchte es, gab richtige Antworten, und der Lehrer bestätigte mir, dass ich etwas kann. Das war ein völlig neues Gefühl für mich. Der Lehrer setzte sich auch bei seinen Kollegen für mich ein, sodass sich meine Leistungen auch in anderen Fächern verbesserten und ich richtig Auftrieb bekam. Leider wurde dieser Lehrer zum Ende der fünften Klasse versetzt, und wir bekamen eine andere Klassenlehrerin, die meiner Grundschullehrerin sehr ähnelte. Von da ab ließen meine Leistungen wieder nach. Ich ging wieder sehr ungern zur Schule, war übernervös und machte mir über alles Mögliche Gedanken, zum Beispiel darüber, was die anderen dachten, wenn ich was falsch machte, was aus mir werden sollte, wenn ich weiterhin so schlecht in der Schule war, und dass meine Eltern wohl recht hatten, wenn sie sagten, ich sei dumm und würde später mal in der Gosse landen. Ich zog mich wieder völlig zurück und tat immer weniger für die Schule. Am liebsten wäre ich unsichtbar gewesen. So kam es, dass ich nach der sechsten Klasse für die Hauptschule empfohlen wurde. Den Zettel mit der Empfehlung ließ ich fast zwei Wochen in meinem Schulranzen, bis es nicht mehr anders ging und ich ihn meinen Eltern zeigen musste. »Das ist peinlich für die ganze Familie, wir müssen uns wegen dir schämen«, sagten sie, »unsere Tochter muss auf die Hauptschule, da wo die Blöden hingehen, die nichts kapieren!«

In der neuen Klasse fand ich überhaupt keinen Anschluss, ich empfand meine Mitschüler als brutal und respektlos und hatte ständig Angst vor verbalen oder körperlichen Angriffen; die waren dort an der Tagesordnung. Außerdem merkten meine Klassenkameraden schnell, dass ich irgendwie anders war, nicht dazupasste und mich schlecht wehren konnte. Während des Unterrichts ging ich oft auf die Toilette, weil ich es nicht mehr aushielt. Für diesen Zweck nahm ich mir jeden Morgen ein zweites Paar Schuhe mit, damit niemand erkennen konnte, dass es immer ich war, die auf dem Klo saß.

Im Sportverein hatte ich eine Freundin kennengelernt, die aufs Gymnasium ging, das gegenüber unserer Schule lag. In den Pausen ging ich jetzt immer dorthin und war nach kurzer Zeit mit mehreren Mädchen befreundet. Außer meiner besten Freundin habe ich aber allen verschwiegen, dass ich auf die Hauptschule gehe, und musste mir dafür ein ganzes System von kleinen Notlügen einfallen lassen. Meine Freundin hat mir auch ein bisschen Hochdeutsch beigebracht, sodass ich weniger Dialekt sprach. Meine Freizeit verbrachte ich jetzt nur mit meinen Freundinnen aus dem Gymnasium, sie akzeptierten mich und mit ihnen konnte ich mich über alles Mögliche unterhalten.

Da ich im Unterricht fast nie etwas sagte und meine Leistungen nur mittelmäßig waren, sagte die Lehrerin meinen Eltern: »Sie ist halt dumm, da kann man nichts machen.« Mich im Unterricht zu konzentrieren war für mich eine Höchstleistung. Keiner interessierte sich für den Unterricht, es war viel zu laut und der Stoff wurde endlos wiederholt. Ich glaube, ich habe immer versucht, mein eigenes Denken auszuschalten und so zu denken wie die anderen.

In der achten Klasse machte ich ein dreiwöchiges Praktikum als Bürokauffrau und genoss die Abwechslung. Die Geschäftsleitung bot mir gleich einen Ausbildungsvertrag nach dem Schulabschluss an. Für mich war das wie ein Wunder.

In meiner Ausbildung zur Bürokauffrau war ich die Einzige mit Hauptschulabschluss. Alle anderen hatten mittlere Reife oder Abitur und waren deutlich älter als ich, das machte mir Angst. Die Arbeit selbst machte mir keinen Spaß, und ich drückte mich, wo ich nur konnte, um unangenehme Aufgaben. Karteikarten sortieren und Aktenablage waren am schlimmsten, ich schaffte es kaum, mich dazu aufzuraffen, es strengte mich wahnsinnig an, ich hatte nachts Albträume davon. Mit der Zeit war ich überzeugt, sogar von einfachsten Aufgaben überfordert zu sein. Heute glaube ich, dass diese Arbeiten mich zu Tode langweilten und ich mich deshalb nicht genug konzentrieren konnte. Meine Kollegin war ein regelrechtes Arbeitstier, die die Karteikarten und Ablagen in einem Tempo wegsortierte, dass mir nur so schwindelig wurde. Ich dagegen war überall zu finden, nur nicht bei der Arbeit. Ich war damals eine Art Firmenclown, hatte ich doch die große Begabung, andere von der Arbeit abzuhalten und mich als Alleinunterhalter zu betätigen. Deshalb habe ich mich auch nicht gewundert, dass ich nach meiner Ausbildung nicht übernommen wurde. Wieder mal hatte ich eine Chance vertan und gezeigt, dass ich zu nichts in der Lage war.

Merkwürdig war, dass ich trotz großer Angst meine Abschlussprüfungen gut bestanden habe. Obwohl ich das Lernen wochenlang vor mir her geschoben hatte und erst wenige Tage vor der Prüfung damit anfing.

Danach war ich einige Monate arbeitslos. Meine Eltern fühlten sich bestätigt, dass ich zu nichts tauge und selbst Büroarbeit für mich zu schwer sei. Zusammen mit einem Freund meines Vaters beschlossen sie, dass ich am Fließband am besten aufgehoben wäre, und besorgten mir eine Stelle in einer Werkzeugfabrik.

Ich war verzweifelt, in mir sträubte sich alles, ich wollte auf keinen Fall den Rest meines Lebens am Fließband stehen. Trotz meiner Minderwertigkeitsgefühle spürte ich instinktiv, dass ich bei dieser Arbeit kaputtgehen würde. Mit dem Mut der Verzweiflung wagte ich es zum ersten Mal, mich gegen meine Eltern aufzulehnen und eine eigene Entscheidung zu treffen. Es gab endlose Diskussionen, meine Eltern waren entsetzt und wütend, lachten mich aus, zwangen mich, die Nachrichten mit den Arbeitslosenzahlen anzusehen, und führten mir vor Augen, dass ich der Allgemeinheit auf der Tasche liegen und als Sozialfall enden werde. Als sie merkten, dass ich mich nicht beirren ließ, gaben sie auf und sprachen monatelang kaum ein Wort mit mir.

Ich hatte mich zu einem Computerkurs beim Arbeitsamt angemeldet, erwarb Kenntnisse in den wichtigsten Programmiersprachen und legte nach sechs Monaten stolz meine Abschlussprüfung ab. Der einzige Rückhalt war damals mein zukünftiger Mann, der mich in allem bestärkte und zu mir hielt.

Nach der Schulung nahm ich dann notgedrungen doch eine Arbeit am Fließband an, aber ich hatte das Glück, dass mich der Abteilungsleiter nach kurzer Zeit von dort wegholte und mir anspruchsvolle Bürotätigkeiten übertrug. Dafür war ich ihm sehr dankbar.

In der Zwischenzeit hatte ich mich bei einem Telekommunikationsunternehmen beworben und bestand den Aufnahmetest. Im Nachhinein fällt mir auf, dass meine Leistungen umso besser waren, je höher die Anforderungen wurden, und es wundert mich, dass das weder mir noch sonst jemandem je aufgefallen ist.

Ich war nun also Angestellte im höheren Dienst und musste, wie jeder andere, erst einmal zur Telefonauskunft. Vor lauter Angst, den Anforderungen nicht gerecht zu werden und wieder zu versagen, traute ich mich kaum, nach links oder rechts zu sehen, und strengte mich sehr an, alles richtig zu machen. Meine Vorgesetzten merkten, dass ich gut war, und ich erhielt einen festen Arbeitsvertrag. Den Grundlehrgang schloss ich wieder mit einer sehr guten Prüfung ab. Danach fand ich die Arbeit allmählich immer anstrengender und wusste nicht warum. Eigentlich hätte ich froh und zufrieden sein müssen, aber die Arbeitstage wurden mir wieder zur Qual, ich erfand Tausende kleine Nebenbeschäftigungen, unterhielt Anrufer und Kollegen mit Scherzen und albernen Einfällen, dachte mir Kochrezepte aus, die ich mit der gewünschten Telefonnummer mitlieferte, spielte am Telefon kleine Szenen vor … der Ideenreichtum war groß. Die Arbeit bei der Auskunft war so stumpfsinnig, dass ich heute noch ab und zu davon träume.

Ich erlitt eine Art Nervenzusammenbruch, als kurz nacheinander ein Bekannter und mein Schwiegervater starben. In dieser Zeit bekam ich Angstzustände und setzte mich intensiv mit dem Thema Tod auseinander; es machte mich halb verrückt. Ich dachte über meinen eigenen Tod nach, über den Sinn des Lebens, über Zeit und Unendlichkeit und fühlte mich ganz schutzlos. Ich wollte mit anderen darüber reden, mit Freunden, der Familie, mit dem Pfarrer. Aber alle reagierten oberflächlich, irritiert und abweisend. Durch die Trauerereignisse fiel mir auf, dass ich bei anderen Gefühle wahrnehmen konnte, derer sie sich selbst kaum bewusst waren. Aber da viele verärgert und gekränkt reagierten, dachte ich, es stimmt etwas mit meiner Wahrnehmung nicht. Weil ich die Dinge oft einfach beim Namen nannte und ganz direkte persönliche Fragen stellte, habe ich manch einen sicher ganz schön bloßgestellt, ohne es zu merken. Es dauerte fast ein Jahr, bis ich mich erholte und die Angstzustände nachließen.

Nach drei Jahren habe ich mich zum Beamtenlehrgang angemeldet und die Beamtenprüfung mit gutem Erfolg bestanden. In dieser Zeit heiratete ich meinen Mann, wurde bald darauf schwanger und war überglücklich. Endlich konnte ich der Langeweile im Job entrinnen und zu Hause bleiben. Ich freute mich sehr auf mein Kind, hatte aber starke Ängste, dass es vielleicht behindert sein würde. Ich konnte mir einfach nicht vorstellen, dass jemand wie ich ein gesundes Kind hervorbringen kann. Aber mein Sohn war kerngesund und wurde von den Säuglingsschwestern sogar als besonders wach bezeichnet (»der geht glatt als sechs Wochen älter durch«). Er brauchte, genau wie ich, wenig Schlaf, fing mit acht Monaten zu sprechen an und wollte viel beschäftigt werden. Mit zweieinviertel Jahren war er sprachlich so weit entwickelt, dass er schon feste diskutieren konnte. Für die Verwandtschaft war es wohl ein Phänomen, dass ich so einen klugen Sohn hatte. Ich fand es auch klasse, obwohl seine unentwegten bohrenden Fragen mich manchmal den letzten Nerv kosteten. Auch das laute Schreien machte mir manchmal zu schaffen, weil ich noch heute ungeheuer geräuschempfindlich bin. Zwei Jahre darauf kam mein zweiter Sohn zur Welt. Er fing viel später an zu sprechen, und gleich machte ich mir wieder Sorgen, dass bei ihm etwas nicht stimmen könnte. Aber wundersamerweise sprach er dann gleich in ganzen Sätzen und hatte die Phase der Babysprache einfach übersprungen. Wir waren sehr glücklich in dieser Zeit.

Da beide Kinder wenig schliefen und immer viel erleben wollten, verbrachten wir viel Zeit auf dem Spielplatz. Ich war so eine Mutter, die bei Gesprächen mit anderen Muttis immer fast eingeschlafen ist und mit Sicherheit den Eindruck erweckte, nicht ganz gescheit zu sein. Statt der ewig gleichen und oberflächlichen Gespräche über Babybrei und Windeln wollte ich mich lieber über die neuesten Entwicklungen an der Börse unterhalten, die mich damals brennend interessierte. Ich wusste, wer mit wem fusioniert, welche Firma wann ihre News herausbringt, welche Auswirkungen es auf die Zinsen hatte, wenn der Dollar stieg oder fiel und welche Optionsscheine gut liefen. Da sich hier keine Gesprächspartnerin fand, eignete ich mir selbst viele Kenntnisse an und machte im Internet, zwei Kleinkinder an der Hand oder auf dem Schoß, meine ersten kleinen Aktien-Deals und fand das sehr aufregend. Einerseits habe ich dieses Wissen gern aufgefahren, zum Beispiel beim Gespräch mit unserem Versicherungsberater oder bei den Leuten in der Bank. Manche Beratungen, bei denen ich nur erfuhr, was ich sowieso schon wusste, endeten damit, dass *sie* mich fragten, was ich von welcher Aktie hielt, und ich plötzlich in der Position der Beraterin war. Ich dachte dann immer, das kann doch nicht sein, das sind doch Experten, wie ist es möglich, dass die so wenig Ahnung haben? Es war wie ein Seiltanz, ich kam mir vor wie eine Hochstaplerin und hatte Angst, dass irgendwann auffliegen wird, wie dumm ich in Wahrheit bin.

Dafür, dass ich für viele Fragestellungen immer gleich vier oder fünf Lösungswege parat hatte und mir die Vorschläge von anderen oberflächlich vorkamen, hatte ich nur eine Erklärung: man nahm mich nicht ernst, man wollte mich verschaukeln, man traute mir nicht zu, dass ich komplizierte Sachen verstehen konnte.

Als die Kinder älter wurden, arbeitete ich im Geschäft meines Mannes als Bürokraft mit. Es war wie bei meinen früheren Jobs, ich langweilte mich schrecklich, saß die Stunden ab und dachte, dass ich irgendwie wohl nicht zum Arbeiten geboren sei.

Mein älterer Sohn hatte ab der sechsten Klasse im Gymnasium immer größere Schwierigkeiten; bis dahin war er ein sehr guter Schüler gewesen, aber dann stürzten seine Leistungen regelrecht ab. Da der Verdacht einer Unterforderung im Raum stand, empfahl uns die Schule, bei beiden Kindern einen Begabungstest durchführen zu lassen. Das Ergebnis: meine Söhne sind hochbegabt.

Ich war fassungslos. Zwei hochbegabte Kinder und dann noch von mir?! Das konnte nicht sein.

Es zeigte sich, dass dieselben Lehrer, welche die Testung empfohlen hatten, mit Abwehr auf die Ergebnisse reagierten und nicht bereit waren, sich mit mir über Fördermöglichkeiten zu unterhalten. Meinen Kindern ging es schlechter, sie wirkten immer antriebsloser und verunsicherter und wollten abwechselnd nicht zur Schule gehen. Ich fühlte mich auf einmal stark an meine eigene schlimme Schulzeit erinnert, verfiel in immer größere Sorgen und Ängste und konnte meinen Kindern keinen Halt bieten. Was wäre, wenn sie wie ich in der Schule versagen? Wenn sie sich vollends weigern, zur Schule zu gehen, und in die Psychiatrie müssen? Wenn sie keine Zukunft haben? Das Leben wurde immer dunkler. Ich litt unter Depressionen und Essstörungen, hatte nur noch Angst und war verzweifelt.

Schließlich kontaktierte ich noch einmal die Psychologin, die unsere Jungen getestet hatte. Sie gab uns viele Empfehlungen, wie man ihnen helfen und sie fördern könne. Wir erklärten unseren Söhnen die Zusammenhänge, schleppten sie zu Hochbegabtenkursen, brachten den Jüngeren zur Lerntherapie, ließen den Großen eine Klasse überspringen – wir versuchten alles, aber nichts half. Beide Kinder zogen sich immer mehr zurück und wehrten sich jeden Morgen, wenn sie zur Schule gehen sollten.

Die Psychologin schlug vor, dass wir eine Zeit lang mal nicht über meine Söhne, sondern über mich selbst sprechen. Ich verstand nicht, wozu das gut sein sollte, und kam anfangs immer wieder auf die Probleme meiner Söhne zurück. Die Therapeutin blieb stur und fragte hartnäckig nach meinem seelischen Befinden, nach meinem Beruf, meiner Vergangenheit. Irgendwann erzählte ich alles. Von meinen Depressionen und Essstörungen, meinen Erfahrungen in der Schule und bei der Arbeit, von meinen Ängsten und Minderwertigkeitsgefühlen, von der maßlosen Langeweile in meinem Leben, den fehlenden Zielen und der inneren Leere. Es sprudelte nur so aus mir heraus, ich merkte plötzlich, dass es mir guttat und mir die Sitzungen sogar Spaß machten. Ich saugte die Analysen und Überlegungen der Therapeutin auf wie ein Schwamm, löcherte sie mit Fragen, brachte meine eigenen psychologischen Theorien an. Oft gab es dabei viel zu lachen. Die Psychologin sagte: »Mal sehen, was passiert, wenn Ihre Söhne merken, dass ihre Mutter plötzlich anfängt, ihr eigenes Leben zu leben, ihren Interessen nachgeht, sich Ziele setzt und Dinge tut, die sie ausfüllen und ihr Spaß machen.« Wir beobachteten die Entwicklung wie zwei Wissenschaftler, ohne dass ich genau wusste, wo sie hinführen sollte. Dann sprach mich die Therapeutin darauf an, dass ich selbst vielleicht auch hochbegabt bin.

»Wie kommen Sie denn *darauf?*«, fuhr ich sie an.

»Mir ist aufgefallen, wie intensiv Sie sich mit Dingen auseinandersetzen und mit welcher Begeisterung Sie neue Informationen aufgreifen; Sie stellen sehr kluge Fragen und erkennen sehr schnell komplexe Zusammenhänge. Sie haben ein ausgeprägtes psychologisches Gespür. Und auch in Ihrer Biografie deutet einiges darauf hin.«

»In meiner Biografie? Ich habe einen mittelmäßigen Hauptschulabschluss, ich habe bei fast jeder beruflichen Tätigkeit komplett versagt!«

»Ja, aber auch Hauptschüler können hochbegabt sein. Und in Prüfungssituationen haben Sie merkwürdigerweise nie versagt, im Gegenteil, hier haben Sie immer sehr gute Leistungen erbracht.«

Also das war wirklich ungeheuerlich! Sogar einen Intelligenztest sollte ich machen! Die Therapeutin merkte allerdings an, dass meine fehlende Bildung und meine Versagensängste sicherlich Einfluss auf das Ergebnis haben würden. Und so war es auch.

Ich ging mit schlotternden Knien zum Test-Termin und hatte solche Angst, dass ich kaum klar denken konnte. Die ganze Zeit war ich mehr mit meiner Panik beschäftigt als mit den Aufgaben selbst. Dauernd gab ich Kommentare von mir wie: »Mein Gott, bin ich blöd, das ist bestimmt völlig falsch. O je, wie peinlich, das weiß sicher jeder, nur ich nicht. Ich bin viel zu langsam, das hat doch keinen Zweck.« Danach fühlte ich mich wie nach einem Marathonlauf und war sicher, mich vollkommen blamiert zu haben.

Aber ich erreichte zu meiner großen Verblüffung ein überdurchschnittliches Ergebnis; es wies allerdings, wie erwartet, extreme Schwankungen auf: in den Teilen, wo Wissen und Bildung erforderlich waren, hatte ich gerade noch durchschnittliche Ergebnisse. In den Aufgaben, wo nur logisches Denken gefragt war, lagen die Werte im oberen Extrembereich.

Wir führten noch einen zweiten Test durch, der nur die Grundintelligenz misst, also das abstraktlogische Denken, unabhängig von bildungsbedingten Fähigkeiten. Das Ergebnis war ein Schock: IQ 143. Damit hatte ich nie und nimmer gerechnet. Ich brauchte Tage und Wochen, um damit fertig zu werden. Als sich die erste Verwirrung gelegt hatte, gab es manchmal kurze Momente, in denen ich fast platzte vor Stolz. Ich erzählte meinem Mann und meinen Söhnen davon, die waren auch stolz und freuten sich. Sie sagten aber, dass sie gar nicht so verwundert seien, schließlich sei ihnen immer klar gewesen, dass ich besonders gescheit sei.

Durch das Testergebnis und die Gespräche mit der Psychologin wurde mir nun allmählich klar, warum ich in der Schule und in meinen Jobs versagt hatte. Und in welchen Teufelskreis Hochbegabte geraten können, wenn man sie unterschätzt und ihnen nur einfache Aufgaben zutraut, weil sie genau die nämlich am schlechtesten können und dann denken, dass sie zu überhaupt nichts taugen. Ich habe meine Potenziale nie genutzt, und mir ist durch meine Eltern und Lehrer vieles vorenthalten worden. Das musste ich erst mal verarbeiten.

Dann habe ich meinen ganzen Mut zusammengenommen und eine Psychologie-Ausbildung an einem privaten Institut begonnen. Zuerst war ich sehr ängstlich und kleinlaut und traute mich kaum, unter all den gebildeten Leuten etwas zu sagen. In manchen Seminaren stiegen die alten Panikgefühle hoch, und ich wäre am liebsten rausgelaufen. Mit der Zeit geht es aber immer besser, die anderen akzeptieren und mögen mich. Auch vor den ersten Klausuren habe ich gezittert; während ich die Fragen beantwortete, war ich dauernd unsicher und dachte: »Es kann doch nicht sein, dass das so einfach ist. Du übersiehst bestimmt was, prüf es noch mal genau nach, irgendwas kann hier nicht stimmen.« Als ich dann auch noch vor der Zeit fertig war, war ich sicher, dass es schiefgelaufen ist, aber ich konnte beim besten Willen keine Fehler finden. Auf beide Arbeiten bekam ich eine Eins. Aber das ungute Gefühl ist geblieben, noch ist mir die Sache nicht ganz geheuer, ich meine immer noch, mich auf ganz dünnem Eis zu bewegen. Ich hoffe, dass ich mit der Zeit sicherer werde und meine Fähigkeiten besser einschätzen kann.

Meine Söhne haben meine Veränderungen übrigens sehr genau beobachtet. Anfangs haben sie noch ein paar Mal versucht, ihre alten Verhaltensweisen anzuwenden und mich mit ihren Problemen zu überrollen. Dann wirkten sie allmählich immer gelassener, befreiter und motivierter. Inzwischen sind sie so weit, dass sie mit mir um gute Noten wetteifern.

Es ist, als ob ich in den Jahren vorher am Ertrinken war und jetzt an die Oberfläche schwimme. Mein Ziel sind der Abschluss meines Studiums und meine Ausbildung zur Lerntherapeutin, die ich vor kurzem noch zusätzlich begonnen habe. Es liegt mir sehr am Herzen, Kinder, Jugendliche und vielleicht auch Erwachsene zu betreuen, denen es so geht, wie es mir ging.

In diesem Fall bewirkt das Erkennen der eigenen Hochbegabung besonders einschneidende Veränderungen. Die Schreiberin muss ihre gesamte Lebensgeschichte neu interpretieren und eine Fülle von stark verfestigten Denk- und Erlebensmustern korrigieren, es findet ein regelrechter *innerer Umbau* statt. Nach und nach setzt sie die Mosaiksteine ihrer Vita neu zusammen: der gute Kontakt zu Gymnasiastinnen, das Praktikum, welches sie als willkommene Abwechslung und Herausforderung empfand und mit überraschendem Erfolg absolvierte, die guten Leistungen in Abschlussprüfungen, Aufnahmetests und PC-Kursen, das Interesse an schwierigen Fragestellungen. Sie erkannte, dass nicht ihre unzureichenden geistigen Fähigkeiten zum Scheitern im Beruf geführt haben, sondern die Monotonie ihrer Tätigkeiten.

Unterforderung führt langfristig genauso zum Versagen wie Überforderung, kann aber von den Betreffenden häufig nicht benannt werden, sie können das Gefühl des Unbehagens nicht zuordnen. Schließlich fühlt man sich unfähig, überhaupt zu arbeiten, da man keine andere Erklärung findet. Die Unsicherheit und Unzufriedenheit sowie die brachliegenden Potenziale richten sich in Form überschüssiger Energie, besonders bei Frauen, häufig nach innen, also gegen die eigene Person, und münden in Depressionen, Sinnkrisen, Resignation und Apathie. Übrigens waren es auch hier in gewisser Weise die hochbegabten Kinder, welche ihre Mutter ›aufgeweckt‹ haben.

Der innere Umbau und die Veränderung des Selbstbildes ist in solchen Fällen ein langer, schwieriger Prozess. Eine vermeintlich lernbehinderte Hauptschülerin studiert plötzlich Psychologie und schreibt in Klausuren Einsen. Die Verfasserin dieser Geschichte wird ihren Leistungen sicher noch eine ganze Zeit lang misstrauen, bis sie ihre Fähigkeiten sicherer und objektiver einschätzen kann.

III. Leben mit Hochbegabung

1. Intelligenz: eine unwissenschaftliche Definition

Es gibt in der Forschung verschiedene Formen und Definitionen von Intelligenz. Weitgehend einig ist man sich darüber, dass Intelligenz die Fähigkeit ist, sich in neuen Situationen aufgrund von Einsichten zurechtzufinden und Probleme konkreter oder abstrakter Art zu lösen.

Die Fähigkeit, sich zu wundern

Einstein sagte einmal sinngemäß, er sei gar nicht so genial, er habe nur sein Leben lang nicht aufgehört, sich zu wundern.

Nach vielen Jahren der Beschäftigung mit hochbegabten Menschen scheint mir die wichtigste Voraussetzung der Intelligenz am ehesten aus Neugier zu bestehen. Also wörtlich genommen: die natürliche ›Gier nach Neuem‹; der Drang oder die Fähigkeit, Dinge, die man sieht, hört, erlebt, zu hinterfragen, Gegebenes infrage zu stellen, sich nicht mit einfachen Erklärungen zufriedenzugeben. Hochbegabte Kinder fallen ja meist zuerst dadurch auf, dass sie unendlich viele Fragen zu allem und jedem stellen. Insofern hat Intelligenz meiner Meinung nach viel weniger mit Wissen oder Bildung zu tun als vielmehr mit der Fähigkeit, sich zu wundern, Fragen zu stellen und Erklärungen zu suchen. Intelligent wäre nach dieser Definition nicht jemand, der viel weiß, sondern jemand, der viel fragt. Die zuletzt beschriebene Klientin, die über keinerlei akademische Bildung verfügte, fiel mir mit der Zeit dadurch auf, dass sie besonders neugierig war, alle meine Erläuterungen aufsaugte wie ein Schwamm und dazu sehr viele Fragen stellte, die ungewöhnlich, originell und im besten Sinne naiv waren. Auch die Schlüsse, die sie zog, und die Art, wie sie Zusammenhänge erfasste, waren verblüffend und regten mich zum Nachdenken an. Hätte ich mich nur an gängigen Hochbegabungsmerkmalen orientiert, wäre ihre Hochbegabung vielleicht unentdeckt geblieben.

Ein Bergbauer, der über einen großen Erfahrungs- und Wissensschatz im Hinblick auf Witterungsbedingungen, Naturvorgänge und Viehhaltung verfügt, der Schlüsse zieht und flexibel auf Veränderungen reagiert, wird in einem Intelligenztest sicher nicht besser als durchschnittlich abschneiden und ist dennoch als klug zu bezeichnen. Der Inselbewohner eines Naturvolkes, der mit seinem Boot über einige Tage und Nächte zu einer mehrere hundert Kilometer entfernten Insel navigiert, benötigt gleichfalls Formen von Intelligenz, die mit einem normalen Testverfahren kaum zu erfassen sind. Dasselbe gilt für einen Straßenjungen, der über höchst flexible Strategien, eine schnelle Auffassungsgabe und ein differenziertes Wahrnehmungsvermögen verfügen muss, um sein Überleben zu sichern.

Intelligent zu sein bedeutet also, wachsam und feinfühlig zu sein, aufmerksam zu beobachten, das Gegebene zu hinterfragen, daraus Schlüsse zu ziehen und Lösungen abzuleiten. Das kann eine Hausfrau und Mutter mit Hauptschulabschluss möglicherweise ebenso gut wie ein Nobelpreisträger. Arthur Schopenhauer behauptet: »Natürlicher Verstand kann fast jeden Grad von Bildung ersetzen, aber keine Bildung den natürlichen Verstand.«

Die Fähigkeit, zu zweifeln

Zu hoher Intelligenz gehört für mich übrigens auch die Fähigkeit zu zweifeln. Hochbegabte Menschen zweifeln immer an sich selbst, an ihren Fähigkeiten, an der Richtigkeit von Lösungen und nicht zuletzt an Autoritäten, was ja die Voraussetzung für Erneuerungen auf allen künstlerischen oder wissenschaftlichen Gebieten ist.

2. Die Angst vor der eigenen Begabung

Schon lange beschäftigt mich die Frage, woher die Angst vor der eigenen Begabung rührt. Es scheinen vielfältige Ursachen zu sein, aber ich habe das unbestimmte Gefühl, noch immer nicht ganz an den Kern der Sache gelangt zu sein. Zunächst spielt natürlich die Angst vor Ausgrenzung eine Rolle, die Angst, aus der Norm zu fallen, für arrogant gehalten zu werden, nicht dazuzugehören. Dann gibt es im Hinblick auf besondere Begabungen speziell in Deutschland eine historische und gesellschaftspolitische Komponente, die mich durchaus nachdenklich stimmt: Der Elite-Gedanke vor und während des Dritten Reiches führte zu schrecklichen Auswüchsen und bedurfte in der Nachkriegszeit einer grundlegenden Korrektur in Form einer ausgeprägten Gegenbewegung, welche sich unter anderem darauf konzentrierte, gleiche Bildungsmöglichkeiten für alle zu fordern. Selbstverständlich ist die Aufrechterhaltung dieses Grundsatzes richtig und notwendig. Leistungsschwächere verdienen im gleichen Maß Förderung und Bildungschancen wie Leistungsstärkere. Vor dem Hintergrund dieser Diskussion gerät der Begriff Hochbegabung schnell in den Ruch des Überheblichen, Abgehobenen und Elitären, mit dem Hochbegabte, die ohnedies meist einen sehr starken Gerechtigkeitssinn haben, keinesfalls in Zusammenhang gebracht werden möchten. Diese interessanten historischen und gesellschaftspolitischen Gedanken kann ich an dieser Stelle leider nicht näher ausführen; aber ich will hier nochmals betonen, dass es mir bei meiner Beschäftigung mit hochbegabten Menschen nicht um *Wertungen* irgendwelcher Art geht, sondern ausschließlich um *Beschreibungen*.

Die Angst, anders zu sein oder als elitär zu gelten

Die Angst vor zu hohen Erwartungen

Eine weitere Befürchtung Hochbegabter besteht häufig darin, eigenen Erwartungen oder denen anderer nicht entsprechen zu können, wenn sich herausstellt, dass man hochbegabt ist. Eine Klientin verheimlichte ihr Testergebnis, das sie per Zufall im Rahmen einer Eignungstestung erfahren hatte, dreißig Jahre lang vor anderen und praktisch auch vor sich selbst, da ihre vermeintliche Erfolglosigkeit im Beruf dadurch noch peinlicher gewesen wäre.

Der eigentlich Kern der Angst vor der eigenen Hochbegabung scheint mir jedoch noch tiefer zu liegen.

Ob hochbegabt oder nicht: Nahezu alle Menschen hatten irgendwann einen Traumberuf. Wen man auch fragt, fast jeder berichtet, in seiner Kindheit oder Jugend davon geträumt zu haben, Tänzerin, Schauspieler, Erfinder, Wissenschaftlerin, Malerin, Musiker, Schriftstellerin, Ärztin, Journalistin, Forscher, Sängerin oder Ähnliches zu werden. Und fast jeder tut diese Vorstellungen als illusorisch, pubertär, kurz: als jugendliche Flausen ab, belächelt sie als unerreichbare Ziele. Dennoch liegen darin immer eine gewisse Wehmut und Traurigkeit, diese Ziele nie verfolgt zu haben. Man gibt vor, dass die Realität und das Leben am Boden der Tatsachen die Umsetzung solcher Träume nicht erlaube; dass man ohnehin als einer unter Tausenden nichts erreicht hätte; dass man sowieso nie gut genug gewesen wäre.

Was hieße es, pubertär zu bleiben und die ›Flausen im Kopf‹ beizubehalten?

Es hieße, neugierig und versponnen zu bleiben, Unmögliches erreichen zu wollen, sich nicht mit dem Normalen, Mittelmäßigen zufriedenzugeben; dauernd weiterzulernen, jeden Tag alles neu infrage zu stellen, hochsensibel und etwas verrückt zu bleiben, Stimmungsschwankungen zu unterliegen; sich gegen Konventionen, Traditionen und Autoritäten aufzulehnen, ›stürmend und drängend‹ zu bleiben, riskant zu leben, Neues auszuprobieren, zu experimentieren.

Die Angst, Sicherheiten aufzugeben und Neues zu wagen

Die meisten Menschen finden sich mit jedem weiteren Lebensjahr ein bisschen mehr ab – mit den gegebenen Umständen, mit den Notwendigkeiten des ›realen‹ Lebens, mit den Erfordernissen des Alltags. Etwas Neues zu wagen, eine Veränderung zu riskieren, ›wild und gefährlich‹ zu leben, wie viele Pubertierende es tun, macht Angst und bräuchte viel Mut; man müsste vielleicht mit äußeren und ›inneren‹ Familientraditionen brechen, müsste unangepasst leben, Sicherheiten aufgeben. In vielen Familien mit Hochbegabten findet sich oft mindestens ein hochbegabter Elternteil, der seine Begabungen unterdrückt und nicht ausgelebt hat; Frauen bzw. Mütter sind davon gewöhnlich häufiger betroffen.

Die Angst, sich gegen die Eltern zu wenden, gegebenenfalls deren Anerkennung zu verlieren oder sie gleichsam im Stich zu lassen, wenn man einen eigenwilligen und unkonventionellen Weg beschreitet, kann gewaltig und unüberwindbar sein. Selbst wenn man äußerlich nur wenig oder distanzierten Kontakt zu den Eltern hat, sind sie doch im Innern jeder Person präsent und einflussreich. Der gestrenge Vater, welcher dem Sohn (und erst recht der Tochter) die Verwirklichung seiner künstlerischen Laufbahn verbietet und dessen Lebensführung nicht billigt, findet sich in zahllosen Künstlerbiografien und ist schon beinahe zum Klischee geworden. Aber auch in ganz ›normalen‹ Familien besteht das stillschweigende oder explizite Gebot, die Eltern nicht zu enttäuschen oder, was vielleicht noch schlimmer wäre, gar zu überflügeln. Dies gilt, wie übrigens auch in meiner eigenen Familie, ganz besonders dann, wenn den Eltern selbst verboten wurde, ihre Neigungen und Begabungen auszuleben.

Der andere Teil der ›Kernangst‹ vor der eigenen Begabung hängt mit dem zusammen, was Nietzsche auf den Punkt gebracht hat und im Zitat auf der ersten Seite wiedergegeben ist: Sich der eigenen größten Begabung zu stellen und zu verpflichten, bedeutet zumeist auch, einen harten, unbequemen, anstrengenden Weg zu wählen und höchste Ansprüche zu erfüllen. Es heißt, sich nicht beirren zu lassen von Misserfolgen, Selbstzweifeln, äußeren Anfechtungen; vieles aufgeben zu müssen, zum Beispiel materielle Sicherheit, ein geordnetes Leben oder Zeit für Vergnügungen und Zerstreuung; auch soziale Beziehungen können darunter leiden, wenn man konsequent und intensiv an einer Aufgabe arbeitet und seine Fähigkeiten vervollkommnet.

Die Angst, intensiv zu leben

Ich habe lange über die Formulierung von Nietzsche nachgedacht: »...will man hinterdrein zur Gesundheit zurück, muss man sich schwerer belasten, als man je vorher belastet war.«

Es ist in der Tat die Frage, ob es ›richtiger‹ ist, ein Leben zu führen, in dem man vieles ausblendet, etwa eigene Fehler, Schwächen, Widersprüche, Wünsche und Sehnsüchte oder Ungerechtigkeiten, Missstände und Trauriges in der Umgebung. Hochbegabte fühlen sich der Mehrheit gegenüber manchmal genau deshalb benachteiligt, weil sie so wenig ausblenden können, weil sie so vieles wahrnehmen und infrage stellen, weil sie so häufig an sich oder an anderen zweifeln. Diese Art zu leben ist zweifellos anstrengender und belastender, es ist ein fortwährender Entwicklungs- und Erneuerungsprozess. Kreativ im Wortsinne, also schöpferisch zu sein, bedeutet immer auch vertraute Sichtweisen aufzugeben, Neuland zu betreten, sich mit Ungewohntem zu konfrontieren und den Mut aufzubringen, sich von Meinungen anderer unabhängig zu machen.

Die Kunst des »Weglassens«

Im Kontakt mit Hochbegabten, besonders mit hochbegabten Kindern, lerne ich immer mehr das, was ich mit der Kunst des Weglassens umschreibe: das Weglassen von Höflichkeitsfloskeln und konventionellen Ritualen, von Masken und persönlichen Eitelkeiten, von sozialem Ehrgeiz, von Versuchen, Unsicherheiten zu überspielen oder anderen gefallen zu wollen. Viele Hochbegabte schätzen diesen direkten, ehrlichen, ›puren‹ Kontakt, der ohne Umschweife zur Sache kommt.

Wenn ich auch mir selbst gegenüber alle diese Motive und Hüllen fallen lasse und mich absolut ehrlich betrachte, ist das einerseits verwirrend, anstrengend und möglicherweise schockierend – andererseits ist es jedoch die erste und wichtigste Voraussetzung, wirklich schöpferisch zu sein und andere mit künstlerischen Werken berühren zu können oder ohne jede Voreingenommenheit neue wissenschaftliche Erkenntnisse zu erzielen. Geniale Persönlichkeiten zeichnen sich typischerweise dadurch aus, dass sie auf Konventionen pfeifen, sich mit Autoritäten anlegen, eigenwillige Lebensstile pflegen und mit gesellschaftlichen Normen überkreuz sind. Sich auf die Arbeit an den eigenen Begabungen zu konzentrieren, zwingt einen geradezu, alles Überflüssige wegzulassen und sich stets mit dem Wesentlichen zu befassen.

Sensibel bleiben ist anstrengend

Auch der Umgang mit der eigenen, oft übergroßen Sensibilität ist für viele Hochbegabte ein steter Drahtseilakt und mit berechtigter Angst verbunden. Es wäre kaum erträglich, sich zu jeder Zeit allen äußeren Reizen und inneren Vorgängen und Empfindungen ungeschützt auszusetzen. Besonders sensible hochbegabte Naturen und KünstlerInnen leiden oft genau unter diesem Phänomen. Andererseits brauchen sie ihre Feinfühligkeit und ihren Gefühlsreichtum, um schöpferisch sein zu können. Diesen schmalen Grat zu finden, sich dieser irrwitzigen Fülle äußerer und innerer Eindrücke zu stellen und sich zugleich immer wieder davor zu schützen, ist eine Lebensaufgabe, deren Bewältigung sich nicht jeder zutraut.

Im Vorwort meines ersten Buches über Hochbegabung hatte ich den vagen Gedanken formuliert, Hochbegabung könnte weniger durch die *Anwesenheit* von Fähigkeiten determiniert sein als vielmehr durch die *Abwesenheit* bestimmter Funktionen. Dieser Gedanke beschäftigt mich nach wie vor, ich verfolge aufmerksam die diesbezügliche Forschung und sammle Belege für meine Vermutung. Diese kam mir anfangs geradezu ungeheuerlich vor, da sie bedeuten würde, dass grundsätzlich *alle* Menschen über herausragende Fähigkeiten verfügen und man nur an sie ›herankommen‹ muss. Nun entdecke ich mehr und mehr Untersuchungen, die zu ähnlichen Schlüssen gelangen. Hirnforscher wie Allan Snyder, Robin Young oder Gerhard Roth sind davon überzeugt, dass theoretisch alle Menschen zu Spitzenleistungen fähig wären, wenn sie bestimmte Denkprozesse ausschalten und auf verborgene Talente zugreifen könnten. Diese Talente seien überlagert von Hirnfunktionen, welche eingehende Informationen gleichsam filtern, sortieren und zuordnen. Die Forscherin Beate Hermelin fand wiederum heraus, dass Autisten mit genialen Fähigkeiten über eine ›ungefilterte Art der Informationsverarbeitung‹ verfügen.

Die Angst, sich der Vielfalt des Lebens zu stellen

Daraus ergibt sich die ein wenig verrückt klingende Schlussfolgerung, dass das Maß der (Hoch-)Begabung von der Schwäche des eigenen ›Schutzfilters‹ abhängt.

Der Mehrheit gelingt es, sich gegen die Fülle an Geräuschen, Musik, Lärm, Nachrichten und Informationen in der modernen Welt abzuschotten, unterschwellige soziale Signale, Gemütszustände und unangenehme Stimmungen anderer auszublenden und sich von eigenen Gefühlen, Sorgen, Ängsten, inneren Widersprüchen abzulenken. Viele betreiben hierfür einen beträchtlichen Aufwand. Es ist für sie selbstverständlich, nicht so vieles wahrzunehmen, sich nicht zu viele Gedanken zu machen und nicht zu vieles zu hinterfragen. Ich möchte hier nicht beurteilen, welches die ›richtigere‹ oder legitimere Lebensform ist. Aber ich weiß, dass viele Hochbegabte das Gefühl haben, ›falsch‹ zu sein, zu empfindlich, zu nachdenklich, zu schwierig, zu anspruchsvoll, zu kompliziert, zu labil oder gar gestört. Insofern wage ich also doch die vorsichtige Behauptung, dass ›richtig leben‹ bedeutet, intensiv zu leben, intensiv zu empfinden, sich geistig und menschlich ständig weiterzuentwickeln, ehrlich zu leben, etwas zu wagen, sich um die Entfaltung eigener Fähigkeiten zu bemühen und damit – anstrengend zu leben.

Betrachtet man das Leben mit offenen Augen, erweist es sich als kompliziert, rätselhaft, ungeheuerlich, widersprüchlich, ungerecht, absurd, tragisch, komisch, unsicher, geheimnisvoll, unberechenbar und unendlich vielfältig; es gibt nirgends einfache Wahrheiten, hinter jeder Erkenntnis tun sich neue Fragen auf. Sich dem zu öffnen macht Angst und trägt zugleich der Natur des Lebens, also seiner eigentlichen Beschaffenheit, Rechnung.

Manche Hochbegabte haben den Eindruck, dass sie an einem einzigen Tag innerlich mehr erleben als andere in einem ganzen Jahr, und fühlen sich davon gleichermaßen beglückt und geschlaucht. Sie machen jedoch im günstigen Fall die Erfahrung, dass ihr Leben weit weniger anstrengend verläuft, wenn sie aufhören zu versuchen, sich der ›Welt der anderen‹ anzupassen, und sich vermehrt ihre ›eigene Welt‹ schaffen. Das kann bedeuten, auf Kontakte zu verzichten, die einen schon lange nicht mehr befriedigen, sich Freiräume, Rückzug und Ruhephasen einzuräumen, so viel man davon nötig hat, auf Unternehmungen zu verzichten, die einem lästig sind, eigene Bedürfnisse ernster zu nehmen, Dinge zu tun, die einem Freude bereiten, oder auch das ganze Leben grundlegend umzukrempeln.

Hochbegabung erfordert Mut

Folgt man der Therorie, dass alle Menschen die Veranlagung oder die potenziellen Möglichkeiten zu herausragenden Leistungen haben, läge es letztlich an der eigenen Kraft und dem eigenen Mut, immer mehr Ängste, Gewohnheiten, Hemmungen und Beschränkungen aufzugeben – also ›wegzulassen‹ –, um zu verborgenen Talenten und Potenzialen vorzudringen.

3. Wie erkenne ich meine Begabungsschwerpunkte?

Welche Tätigkeiten machen mir am meisten Spaß?

Zu Beginn dachte ich, die Antwort auf diese Frage sei ausnahmsweise ganz leicht: Mein Begabungsschwerpunkt liegt in der Tätigkeit, die mir am meisten Freude macht. Tatsächlich fällt den meisten auf diese Frage etwas ein, was sie »schon immer gerne mal machen« wollten oder auch bereits gerne tun: zeichnen, singen, werken, musizieren, malen, Geschichten schreiben, organisieren, diskutieren, gestalten, nachdenken, tüfteln, forschen und vieles andere mehr. Oft sind es frühere Lebensträume, die Anhaltspunkte für verschüttete Begabungen liefern. Und oft folgt der Antwort auf die Frage danach die abwehrende Äußerung: »... aber das waren nur Träume, so was hat ja in der Realität keinen Bestand.« Ein häufiger Einwand lautet auch: »Dafür ist es jetzt viel zu spät, ich bin schon zu alt, um da noch was erreichen zu können, ich mache mich doch lächerlich, wenn ich in meinem Alter noch damit anfange.«

Wann fühle ich mich richtig gefordert?

Ein zweites Kriterium, das Hinweise auf die eigenen Begabungen liefert, sind die Tätigkeiten, von denen man sich am meisten gefordert fühlt. Bei Hochbegabten ist das zumeist gleichbedeutend mit ›Spaß haben‹. Aber es beinhaltet auch eine dritte Komponente: nämlich die Angst, genau in dem Bereich zu versagen, der einem am meisten bedeutet. Manche scheuen deshalb sogar ein Leben lang die Berührung mit dieser eigenen, größten Begabung. Gerade weil man auf einem Gebiet höchste Begabungen hat, stellt man hier auch höchste Ansprüche an sich und hat die ausgeprägtesten Zweifel. Insofern wäre hier also auch die Angst vor bestimmten Tätigkeiten ein guter Wegweiser. Ich kenne Menschen mit großen schriftstellerischen Begabungen, die schon Mühe haben, eine Postkarte zu schreiben und hierfür mehrere Entwürfe verfassen; erfolgreiche Autorinnen, die für kurze Widmungen ihres Buches Stunden mit der geeigneten Formulierung zubringen; Maler, welche zwar im Laufe ihres Lebens Hunderte von Bildern malen, sich in ihrer Wohnung jedoch kaum noch umdrehen können, weil sie kein einziges dieser Bilder der

Wo liegen meine Versagensängste?

Öffentlichkeit preisgeben. Eine junge Pianistin, die seit frühester Kindheit musizierte und von allen als sehr begabt eingestuft wurde, gab das Klavierspielen mit Anfang 20 von einem Tag auf den anderen auf, weil sie ihre Angst vor Auftritten nicht überwinden konnte, und rührte fortan kein Klavier mehr an.

Probieren und Studieren!

Viele Hochbegabte verfügen, wie wir gesehen haben, über mehrere Talente und haben Mühe, sich für ein Gebiet zu entscheiden. In jedem Fall ist es hilfreich, verschiedene Tätigkeiten im Selbststudium oder in Kursen und Sommerakademien auszuprobieren. Natürlich kann auch eine differenzierte Testung des Begabungsprofils Aufschluss über die Schwerpunkte der eigenen intellektuellen Fähigkeiten geben; ebenso wie ein Vorspiel oder eine künstlerische Präsentation vor einem Experten.

Was sagt mein Begabungsprofil?

Je länger ich nun also über die Antwort auf obige Frage nachgrüble, umso klarer wird mir, dass es auch hier wieder nicht mit einer einfachen Antwort getan ist. Vielleicht stimmt, wie so oft, eine Mischung aus allem.

4. (Über-)Leben mit Hochbegabung

Leistung

Die Unzufriedenheit mit den eigenen Leistungen tolerieren

Von einem berühmten Regisseur wird behauptet, er sei bei der Planung eines Projekts jedes Mal euphorisch, bei der Durchführung verunsichert und bei der Fertigstellung verzweifelt. Viele Hochbegabte beginnen daher die Planungsphase immer wieder von Neuem und gehen die Durchführung erst gar nicht an, von der Vollendung eines Werks ganz zu schweigen. *Das faktische Leistungsvermögen Hochbegabter hängt wesentlich von der Fähigkeit ab, die Unsicherheit beim Arbeiten und die Unzufriedenheit über die Unvollkommenheit einer abgeschlossenen Arbeit zu ertragen.* Ich selbst kann gar nicht zählen, wie viele angefangene Buchprojekte in meinen Schubladen schlummern und wie oft ich beim Schreiben dieses und des letzten Buches entschlossen war, das Manuskript in der Mülltonne zu versenken, und wie oft ich mit einer neuen, besseren, größeren, reizvolleren

Idee liebäugelte. Vielen Hochbegabten fehlt jegliches Verhältnis zu ihren eigenen Leistungen, sie können immer ›überragend‹ oder ›völlig unzureichend‹ sein. Hochbegabte sind oft Meister im Austüfteln von Ideen und Stümper bei der Ausführung. Mozart hatte seine Musikstücke stets im Kopf vollständig durchkomponiert, aber die langwierigen Niederschriften waren ihm außerordentlich lästig, zumal er dabei gedanklich meist schon die nächste Komposition verfertigte.

Vom Grübeln ins Tun kommen

Manchen hochbegabten Kindern muss ich bei Testungen immer wieder einen kleinen Schubs geben, damit sie vom Grübeln ins Tun kommen und eine Aufgabe nicht erst dann beginnen, wenn sie sie im Kopf bereits perfekt durchdacht und überprüft haben. Der Verfasser der »Grenzenlos-glücklich?«-Geschichte beschreibt trefflich, dass seine Doktorarbeit mindestens Nobelpreis-Qualität haben muss und er sie deshalb zunächst einmal gar nicht angeht. Ich selbst kann auf der Suche nach der perfekten Formulierung Stunden über dem berühmten weißen Blatt Papier zubringen. Mitunter hilft es, wenn ich anfange, ins Unreine zu schreiben, also wahllos Ideen, Gedankenskizzen und Materialsammlungen herauszusprudeln und diese nach und nach zu ordnen.

Man muss sich also mit vielen Tricks überlisten, um vom Studieren zum Probieren zu gelangen. Beobachtet man, wie große Künstler arbeiten, fällt auf, dass ein Hauptteil ihres Arbeitens aus diesem ›Probieren‹ besteht. Sie entwerfen, verwerfen, entwerfen und verwerfen wieder. Der Bildhauer Giacometti arbeitete sein Leben lang an der einzigen, wahren Skulptur, ohne sie für sich gefunden zu haben. Die ›Abfallprodukte‹, die dabei aus seiner Sicht entstanden, sind jedoch für die Nachwelt ein reichhaltiges, kostbares künstlerisches Werk. In der Tat produzieren Künstler und Wissenschaftler Unmengen solch vermeintlichen Abfalls. Picassos Atelier war stets übersät von Skizzen, misslungenen Versuchen, angefangenen Zeichnungen und Konzepten. Ich selbst habe mir angewöhnt, beim Schreiben von Gedichten oder Erzählungen stets parallel eine Nonsens-Datei zu führen, in die ich mich immer dann begebe, wenn ich an meinem ›ernsthaften‹ Text nicht weiterkomme. Die überhohen Ansprüche und der

Perfektionismus Hochbegabter brauchen ein Gegengewicht: das Spielerische, die Leicht(fert)igkeit, das freie Assoziieren, den Nonsens. Sie müssen die Unsicherheit aushalten und die Tatsache, dass sie am Ende nicht zufrieden sein werden, sie brauchen es erst gar nicht zu versuchen, die Unzufriedenheit gehört einfach dazu. Euphorische und glückliche Momente gibt es beim Planen, zeitweise im Schaffensprozess selbst, aber selten am Schluss. Erst wenn das Werk ›draußen‹ ist (beim Lehrer, der Professorin, bei Kollegen, im Verlag, in der Ausstellung), stellen sich wieder Glücksgefühle ein. Aber der Zweifel bleibt und bildet in seinem Kern schließlich den Antrieb für den nächsten Versuch, das nächste Projekt. Wer immer sich mit einer Materie ernsthaft und tief gehend auseinandersetzt, wird feststellen, dass sein Nicht-Können und Nicht-Wissen sein Können und Wissen um ein Vielfaches übersteigen. Also kann man getrost weiter herumdilettieren, Versuche machen, scheitern und wieder von vorne anfangen. Fast alle Hochbegabte kennen das Hochstapler-Gefühl. Auch ich meine, mich durch meine Schulzeit, mein Abitur, mein Studium und meine berufliche Laufbahn hindurchgemogelt und immer gerade noch Glück gehabt zu haben. Mittlerweile merke ich, dass ich von meiner ›Hochstapelei‹ recht gut leben kann und viele andere davon sehr profitieren.

Spielerische Leichtigkeit als Gegengewicht zum Perfektionismus

Als junge Therapeutin war ich sehr angespannt und unsicher; ich meinte alles können und auf jede Frage eine Antwort wissen zu müssen. Zwischenzeitlich habe ich mir eine viel mehr fragende als wissende Haltung angeeignet. Hochbegabte brauchen den Mut, Fehler zu machen und eine lernende, fragende Haltung einzunehmen. Ihr Gefühl sagt ihnen oft, dass sie nicht gut genug sind. Aber sie können auch ihre Vernunft verwenden, indem sie eine innere Statistik anfertigen, bei der sie objektiv Erfolge und Misserfolge auflisten und ihre eigenen Leistungen mit denen anderer (*aller* anderer, nicht nur der Besten!) vergleichen. Nach und nach kann man lernen, diese Statistik immer wieder heranzuziehen und ihr zu vertrauen.

Der Mut, Fehler zu machen und Fragen zu stellen

Innere Erfolgsstatistik

Eine gute Übung für Hochbegabte besteht auch im Ausüben von Tätigkeiten, die sie absolut nicht beherrschen und auch nicht beherrschen müssen. Wer zum Beispiel nicht malen, singen, tanzen, schreiben kann, sollte immer wieder einige spielerische Versuche unternehmen; er muss ja nicht bestehen, er kann es ohnehin nur falsch machen. So kann man lernen, vergnüglich zu scheitern und Misserfolge nicht so bitterernst zu nehmen.

Scheitern lernen!

Eine andere Problematik besteht in der Fülle an Gedanken und möglichen Alternativen, die bei Hochbegabten zu einer Fragestellung auftauchen. Oft können sie sich nicht für eine der Möglichkeiten entscheiden. Eine Klientin beschreibt das mit den Worten: »Wenn ich lerne, gehen die Pferde mit mir durch.« Das heißt, sie hat so viele Ideen, Ansätze, Vorstellungen und Literaturhinweise zur Verfügung, dass sie nicht weiß, wo sie ansetzen soll. Für sie und andere Prüfungskandidaten war es hilfreich, eine Parole oder ein Bild auszudenken, das die wilden Pferde zügelt (zum Beispiel die Parole »Lahmer Gaul« oder das Bild eines ruhigen Ackergauls, der langsam und beständig seine Arbeit tut, ohne nach links oder rechts zu sehen). Wenn mir selbst auf eine Frage zehn Antwortmöglichkeiten einfallen, versuche ich nicht mehr, die beste auszuwählen (und währenddessen für längere Zeit zu verstummen), sondern mit *irgendeiner* Antwort zu beginnen und mich dann zur richtigen oder besten Antwort vorzutasten. Man kann seine Gedanken, wie Heinrich von Kleist empfahl, durchaus auch beim Reden verfertigen und bleibt auf diese Weise nicht beim Suchen stecken. Auch bei Alltagsentscheidungen tun Hochbegabte sich manchmal schwer, sie suchen etwa nach dem perfekten Plan, wie ihre Pflichten zu organisieren, der Einkauf zu erledigen oder die Wohnung aufzuräumen sei. Gelingt das nach wiederholten Versuchen nicht, weil man sich immer wieder ablenken lässt, geben manche schnell auf und lassen die Berge von zu Erledigendem zu immer unüberwindlicheren Höhen anwachsen. Hier ist, genau wie beim Denken, Lernen und Arbeiten, die Chaos-Methode zu empfehlen: Ich gebe den Plan auf, beginne zunächst an einem beliebigen Punkt, lasse mich von meinen sponaten Eingebungen lenken und merke, dass ich auf diese Weise schließlich auch zum Ziel komme. Bei schriftlichen Arbeiten ist es jedoch hilfreich, nach dem spon-

Die Chaos-Methode

tanen Sammeln von Ideen eine grobe Struktur zu verfassen, in die ich meine Gedanken dann nach und nach einsortiere. Hochbegabte neigen auch dazu, lästige Aufgaben vor sich her zu schieben, bis sie sie am Ende unter absolutem Hochdruck erledigen. Da sie immer wieder die Erfahrung machen, dass sie die geforderte Leistung auch unter massivem Zeitdruck noch erbringen, können sie eigentlich auch von vornherein nach der »Letzter-Drücker-Methode« vorgehen und sich vornehmen, das Geplante zum letztmöglichen Zeitpunkt zu erledigen (das klingt paradox, aber der Effekt ist, dass man sich dann meist doch eher an die Arbeit macht, als wenn man sich dauernd dazu drängt, sie rechtzeitig anzugehen). Manchen Hochbegabten hilft es, sich auch ihre Ablenkbarkeit zu ›verordnen‹. Da sie nicht lange still an einer schriftlichen Arbeit sitzen können oder sich während der verhassten Hausarbeit etwa stets in die Zeitungen vertieft finden, die sie eigentlich entsorgen oder zum Fensterputzen verwenden wollten, planen sie von vornherein einen stündlichen Wechsel von schriftlichem Arbeiten und Haushaltspflichten oder anderen Tätigkeiten ein.

Die Letzter-Drücker-Methode

Die Ablenkbarkeit einplanen

Sozialverhalten

Das Feld zwischenmenschlicher Kontakte ist voller Fettnäpfchen, Fallstricke und unwägbarer Situationen. Hochbegabte strengen sich oft besonders an, alles richtig zu machen, genau auf soziale Signale zu achten, sich nicht zu blamieren und niemanden vor den Kopf zu stoßen. Dennoch, oder gerade deshalb, stolpern Hochbegabte oft von einem Fettnäpfchen ins nächste. Was wäre, wenn sie die Anstrengung aufgäben und gleich von vornherein beschließen, anders zu sein, schrullig, merkwürdig, komisch und unangepasst? Das Ergebnis wäre dasselbe, aber die Anstrengungen fielen weg. Was ist so reizvoll daran, zu sein wie alle anderen, nicht aufzufallen, normal zu sein? Auch und gerade Sonderlinge, Exzentriker, eigenwillige und introvertierte Persönlichkeiten können liebenswert, charmant und interessant sein. Es ist sogar oft ein wahres Vergnügen, solche Menschen zu beobachten, und Hochbegabte sollten ruhig mehr Mut aufbringen, anders zu sein.

Bewusst beschließen, schrullig zu sein

Dann fühlen sich vielleicht manche Leute von ihnen irritiert, aber es besteht auch eine größere Chance, dass andere interessante Charaktere sich angezogen fühlen. Eine hochbegabte Mutter erzählte mir, dass ihre Nachbarn und die Mütter anderer Kinder sie bereits komisch angucken, weil sie nicht jederzeit willens und in der Lage ist, freundlich zu sein, ein Schwätzchen zu halten, auf eine Tasse Kaffee vorbeizukommen. Würden aber alle Nachbarn sie nett und sympathisch finden, würden sie noch viel häufiger den Kontakt suchen, und darauf legt die Mutter in Wahrheit eigentlich gar keinen so großen Wert. Also fand sie sich lieber mit dem kleineren Übel ab, etwas komisch angeguckt zu werden. Wenn Hochbegabte eine Veranstaltung oder Feier besuchen, fällt es ihnen oft schwer, gleich draufloszuplaudern, mit jedem ins Gespräch zu kommen. Sie glauben, sie können sich nicht, wie es ihnen eigentlich am liebsten wäre, erst mal still auf ihren Beobachterposten zurückziehen und sich langsam an die Situation gewöhnen, weil dies unhöflich wäre oder einen seltsamen Eindruck macht. Je entspannter ich mich jedoch darauf einstelle, einen seltsamen Eindruck zu machen, umso weniger seltsam wirke ich tatsächlich. Warum kann ich nicht ein eher schüchterner, zurückhaltender, nachdenklicher Mensch sein? Wenn ich selbst meine Wesensart respektiere, wird sie auch von anderen eher respektiert. Dieser freundliche Respekt vor mir selbst und meinen Eigenarten, und seien sie noch so absonderlich, ist für Hochbegabte der wichtigste innere Kompass, um sich in sozialen Situationen weniger verstellen zu müssen und sich in der eigenen Haut wohler zu fühlen.

Der innere Kompass

Auch ich selbst gehöre zu den eher schüchternen und vorsichtigen Menschen, obgleich ich mir mit den Jahren viele soziale Fertigkeiten antrainiert habe. Da ich zum Beispiel nie weiß, was ich antworten soll wenn mich jemand fragt, wie es mir geht, antworte ich immer erst mal mit einem Standardsatz: »Danke, gut, und selbst?« Da die meisten Leute gleich gern und viel von sich berichten, gewinne ich auf diese Weise Zeit, um mir ein Bild von der Situation, meinem Gegenüber und einer möglichen Antwort zu machen. Im Übrigen ist mir mit der Zeit aufgefallen, dass es natürlich ist, scheu zu sein. Wenn unsere frühen Vorfahren fremden Zeitgenossen begegneten, beobachteten sie sie zuerst eine Weile aus sicherer Entfernung oder einem Versteck. Nichts anderes, im übertragenen Sinne, tun Hochbegabte, wenn sie neue Menschen kennenlernen. Natürlich gibt es auch gesellige und extravertierte Hochbegabte, welche vorzugsweise gleich mit der Tür ins Haus fallen, ihr Herz auf der Zunge tragen, gerne diskutieren oder den Advocatus Diaboli geben und damit nicht immer auf Gegenliebe stoßen.

Scheu ist natürlich

Viele Hochbegabte orientieren sich an dem Phantombild der »anderen«: die anderen sind viel geselliger, kontaktfreudiger, gelassener, freundlicher als ich. Die anderen sind selbstsicherer, zufriedener, haben ihr Leben besser im Griff, sind belastbarer und weniger empfindlich als ich. Mag sein, dass das stimmt (Solange man es allerdings nicht sicher weiß, bleibt es eine Projektion. Meine Erfahrung ist, dass *alle* ihre Nöte, Ängste, Unsicherheiten und Probleme mit sich herumtragen, wenn man einen Blick hinter die Fassade wirft) – aber selbst wenn es so wäre, können die anderen kein geeigneter Maßstab für mich sein. Jedes Individuum, und das gilt vor allem für die besonders Individuellen, muss zuallererst für sich selbst seine Maßstäbe finden, jede Persönlichkeit braucht unterschiedliche Bedingungen für ihr Wohlbefinden.

Das Phantombild der »anderen«

In der Psychologie spricht man von Symptomverschreibung, wenn man sich genau die Dinge vornimmt, gegen die man eigentlich bei sich selbst ankämpft: Schüchternheit, Unsicherheit, Empfindlichkeit, Nachdenklichkeit, Anderssein. Wie gut tut es, Menschen zu beobachten, die mit ihrem Exzentriker-Dasein völlig im Reinen sind! Von anderen Sonderlingen wird man vielleicht genau wegen seiner etwas ungewöhnlichen Eigenarten geliebt. Beim Kontakt mit Gleichgesinnten können und müssen Hochbegabte immer wieder auftanken, selbst wenn es nur ein oder zwei Personen sind.

Symptomverschreibung

Im Laufe der Zeit ist in der Arbeit mit Hochbegabten eine »Liste der hässlichen Worte« entstanden, aus der ich abschließend einige Kostproben geben möchte: Betriebsausflug, Eltern-

Die Liste der hässlichen Worte

abend, Teambesprechung, Stuhlkreis, Freizeitpark, Stammtisch, Grillparty, geselliges Beisammensein, Karneval, Kindergeburtstag, runde Geburtstage, Schützenfest, Schwimmbad, Großraumbüro, Einkaufsbummel, Urlaubsreise, Gruppendiskussion, Einkaufscenter, Supermarktmusik, Höflichkeitsfloskel, Wiederholung, Erlebnisgastronomie, Kosten-Nutzen-Rechnung, Großputz, Hitzewelle, Eventmanager, Diplomatie. Die Liste erhebt natürlich keinen Anspruch auf Vollständigkeit und kann von den geneigten LeserInnen nach Belieben erweitert oder geändert werden. Gelegentlich ins Gedächtnis gerufen, trägt sie vielleicht dazu bei, manche unliebsamen sozialen Situationen mit dem nötigen Humor zu ertragen oder gleich von vornherein zu vermeiden.

Sensibilität

»Mein Gott, bist du empfindlich!« Auf diese oft gehörte Bemerkung reagieren Hochbegabte meist peinlich berührt und versuchen sich zu erklären und zu verteidigen. Als Antwort könnte jedoch genügen: »Jawohl, das bin ich!«

Einfühlsam und empfindlich – beides gehört zusammen

Schließlich profitiert das Umfeld Hochbegabter zumeist auch von deren großer Sensibilität. Eine feinfühlige Partnerin, ein sensibler Zuhörer, ein einfühlsamer Berater, eine gefühlvolle Künstlerin sind ja für viele ein großer menschlicher Gewinn. Leider ist es nicht möglich, einerseits hoch sensibel und andererseits robust zu sein; obwohl genau das von Hochbegabten oft verlangt wird. Vor allem verlangen sie es von sich selbst. »Ich finde meinen Gefühlsreichtum ja sehr schön, aber manchmal sollte ich doch ein dickeres Fell haben.«

Hochbegabte haben spezielle Vorlieben, Wünsche, Unverträglichkeiten und Abneigungen, sie erscheinen möglicherweise kompliziert, anstrengend und schwierig. Sie sind auf Partys beklommen, vertragen kein helles Sonnenlicht, schmeißen beim Großeinkauf das Handtuch, fühlen sich bei starkem Lärm unwohl oder können sich keine grausamen Filme ansehen. Viele leiden darunter, nicht so strapazierfähig zu sein wie ihre Zeitgenossen. Ich habe noch nie erlebt, dass sich solcherlei Empfindlichkeiten in einer Therapie oder durch mehr Selbstdisziplin

›abstellen‹ lassen. Oft verordne ich auch hier im Sinne der Symptomverschreibung das Gegenteil: Sei kompliziert, sei empfindlich, sei anspruchsvoll! Benimm dich wenigstens mal einen Tag lang wie eine (männliche oder weibliche) Diva und achte genau auf all deine Bedürfnisse!

Sei kompliziert!

Ich versuche mit Hochbegabten herauszufinden, wie genau eine Umgebung, ein Alltag beschaffen sein müsste, in welchem sie sich wohl fühlen würden. »Unmöglich«, sagen viele, »da müsste ich mein ganzes Leben umkrempeln. Oder die ganze Welt müsste anders sein.« Dennoch kann man es einmal theoretisch durchspielen bzw. in konkreten Bildern. Diese Bilder können wiederum den inneren Kompass ergänzen, nach welchem ich mein Verhalten und meine Haltung zu mir selbst ausrichte. Das heißt, meine Bedürfnisse und Empfindlichkeiten ernst zu nehmen, auf sie zu achten, achtsam und respektvoll mit mir selbst umzugehen und die äußeren Bedingungen so weit als möglich danach zu gestalten – selbst wenn ich es nur in Teilen verwirklichen kann.

Das Schwierige sind oft nicht die starken Gefühle selbst, sondern die Angst vor ihnen und die Angst vor den Reaktionen der Umgebung. Kleine Kinder hingegen kennen diese Angst oft noch nicht und leben ihre Traurigkeit, ihren Zorn, ihre Freude hemmungslos aus. Sie weinen, wenn sie traurig sind, sie toben, wenn etwas nicht nach ihrem Kopf geht, sie platzen vor Ungeduld, wenn sie sich auf etwas freuen. Es ist also natürlich, sensibel zu sein, Stimmungsschwankungen zu unterliegen und Gefühle spontan auszudrücken. Bei Kindern gehen wir damit in der Regel freundlich und geduldig um – mit uns selbst sind wir diesbezüglich außerordentlich streng, ungeduldig und unfreundlich. Wir machen uns Vorwürfe, zweifeln an uns, werten uns ab, beschimpfen uns innerlich. Hochbegabten hilft es, wenn sie mit ihren heftigen Empfindungen großzügiger, liebevoller und nachsichtiger umgehen und ihnen durchaus immer wieder nachgeben, statt gegen sie anzukämpfen. Zorn etwa ist eine starke Triebfeder, ein Wutanfall kann sehr erfrischend sein; aus melancholischen Phasen kann, wenn man sich ihnen hingibt, viel Schöpferisches entstehen.

Es ist natürlich, sensibel zu sein

Die Empfindungsfähigkeit als Potenzial erkennen

Da man aber nicht immer und überall seinen Gefühlen freien Lauf lassen kann, ist die wichtigste Empfehlung für Hochbegabte, ihre Sensibilität und Empfindungsfähigkeit als Potenziale zu begreifen und diese zu nutzen. Jegliche Kunst, sei es Malerei, Musik, Schauspiel oder Literatur, ist nichts anderes als das Ergebnis sensibler Wahrnehmungen und der (mehr oder weniger) kontrollierte Ausdruck von Gefühlen. Hochbegabte könnten also jede Gefühlswallung als Aufforderung betrachten, eine Form dafür zu finden und sie auszudrücken. Auf diese Weise kann es nicht nur gelingen, Kunstwerke zu schaffen, sondern auch, die Gefühle besser zu beherrschen, statt sich von ihnen überrollen zu lassen. Ich kann sie genau beobachten, registrieren, sogar protokollieren und gewinne dadurch einen gewissen Abstand. Dieser wiederum kann helfen, die eigenen Empfindlichkeiten, Überreaktionen und Unzulänglichkeiten – sowie die Absurditäten des Lebens überhaupt – wenigstens gelegentlich etwas besser auszuhalten.

Das klingt natürlich, wie alle wohlmeinenden Ratschläge, weit einfacher, als es tatsächlich ist. Ich selbst habe es unter Mühen und vielen Rückschritten gelernt, und es bleibt vermutlich bis an mein Lebensende eine tägliche Herausforderung. Wenn mich die zahlreichen Empfindlichkeiten, eigentümlichen Wahrnehmungen und Anwandlungen, welchen ich jeden Tag von früh bis spät ausgesetzt bin, wieder einmal zu überfordern drohen, versuche ich, sie ganz nüchtern als ›Material‹ für meine psychologische und künstlerische Arbeit zu betrachten. Fast alles, was ich meinen Klienten und LeserInnen empfehle, überprüfe ich also an mir selbst auf seine Tauglichkeit.

Im Übrigen ist es tröstlich zu wissen, dass Hochbegabte zwar im Alltag oft über Kleinigkeiten verzweifeln, in wirklichen Notsituationen hingegen erstaunlicherweise oft zu den wenigen gehören, die den Überblick behalten und besonnen, umsichtig und sicher agieren. Manche berichten sogar über ein merkwürdiges Wohl- oder Hochgefühl, wenn sie bis an die Grenzen ihrer körperlichen oder seelischen Belastbarkeit gefordert sind.

Allgemeine Empfehlungen, Ratschläge und Tipps für Hochbegabte erscheinen mir in Anbetracht ihrer oft komplexen und sehr unterschiedlichen Lebenssituationen immer etwas unzureichend und können sicherlich nur als Anregung oder grobe Richtschnur dienen. Auch aus diesem Grund habe ich versucht, in diesem Buch ein möglichst breites Spektrum an Lebensgeschichten vorzustellen, in welchen die Betroffenen selbst zeigen, wie sie mit ihrer Hochbegabung umgehen, Schwierigkeiten und Krisen meistern und Chancen zu ihrer Weiterentwicklung nutzen.

Literaturempfehlungen

Brackmann, A. (2005): Jenseits der Norm – hochbegabt und hoch sensibel? Stuttgart: Klett-Cotta.

Führlich, I. (2006): Lebenslänglich hochbegabt. Münster, Monsenstein + Vannerdat

Goertzel, V., Goertzel, M. G. & Goertzel, T. G. (1978): Three Hundred Eminent Persons. San Francisco: Jossey-Bass.

Hermelin, B. (2002): Rätselhafte Begabungen. Stuttgart: Klett-Cotta.

Jacobsen, M.-E. (2000): The Gifted Adult. New York: Ballantine Books.

Mönks, F. J. & Ypenburg, I. H. (1998): Unser Kind ist hochbegabt. München: Reinhardt.

Roth, G. & Prinz, W. (1996): Kopfarbeit. Kognitive Leistungen und ihre neuronalen Grundlagen. Heidelberg: Spektrum akademischer Verlag.

Scheidt, J. v. (2004): Das Drama der Hochbegabten. München: Kösel.

Snyder, A. W. (1999): The Genius Within. Sydney: The Australian.

Streznewski, M. K. (1999): Gifted Grownups. Ontario: John Wiley.

Terman, L. M. & Oden, M. H. (1959): Genetic Studies of Genius: Vol. 5. The Gifted Group at Mid-Life. Stanford: Stanford University-Press.

Winner, E. (1996): Hochbegabt. Stuttgart: Klett-Cotta.

Kontaktadressen im Internet

www.dghk.de

www.hochbegabte-erwachsene.de

www.hochbegabungs-links.de

www.hobee.org

www.kreimeier-smith.de/giftedadults.htm

www.mensa.de

www.mobymind.de

www.netzwerkhochbegabung.de

www.stormingbrains.de

Friederike Potreck-Rose:

Von der Freude, den Selbstwert zu stärken

Klett-Cotta Leben!

128 Seiten, Klappenbroschur, ISBN 978-3-608-86004-7

Warum stellen viele Menschen ihr »Licht unter den Scheffel«? Warum ist es manchmal so schwer, auf erlernte Fähigkeiten, auf Können und die eigene Ausstrahlung zu vertrauen? Die Gründe sind oft in der frühen Kindheit zu suchen, doch Ursachenforschung allein hilft nicht weiter. Die renommierte Psychotherapeutin Friederike Potreck-Rose zeigt in diesem Buch, was Sie hier und heute tun können, um Ihre inneren Schätze zu entdecken, zu achten und zu vermehren.

Dagmar Ruhwandl:

Erfolgreich ohne auszubrennen

Das Burnout-Buch für Frauen

Klett-Cotta Leben!

130 Seiten, Klappenbroschur, ISBN 978-3-608-86007-8

Karriere, Kinder, Küche: Die drei »K« führen nicht selten zu Überforderung und Ausbrennen. Dagmar Ruhwandl – Ärztin, Burnout-Spezialistin und Mutter – weiß, wovon sie spricht. Der Wunsch, trotz Mehrfachbelastung beruflich weiterzukommen, führt viele Menschen in ihre Praxis und ihre Seminare. Von ihrem Anti-Burnout-Konzept können nun auch Leserinnen profitieren, die keine Beratung oder Therapie aufsuchen und trotzdem wirksam vorbeugen wollen. Fragebögen, Checklisten, Übungen, Tipps und viele Beispiele aus der Praxis helfen dabei, eigene Wege aus der Burnout-Falle zu finden.